Dein Schicksal liegt in deinen Händen

Angeline Rubí und Alina A. Rubí

Einleitung

Handlesen ist die Kunst, die Zukunft zu analysieren und vorherzusagen, indem man die Handflächen studiert. Es wird auf der ganzen Welt praktiziert, aber mit Variationen je nach Kultur des Landes. Diejenigen, die Handlesen praktizieren, werden als Chiromantie, Handleser oder Handanalytiker bezeichnet.

Die Kunst, die verborgene Bedeutung von Falten, Linien und Bergen in der Hand zu deuten, wurde schon vor Millionen von Jahren entdeckt. Früher kannten die meisten Menschen ihr genaues Geburtsdatum und ihre Geburtszeit nicht, und daher wurde das Handlesen oder Handlesen als das einzige Mittel der Weissagung angesehen.

Die Kunst des Handlesens reicht bis in die Steinzeit zurück. In Höhlenzeichnungen finden sich Bilder von menschlichen Händen, die ihr besonderes Interesse an diesem Teil des Körpers zeigen. Diese Malereien sind in Höhlen in Frankreich, Spanien und Afrika zu sehen.

Die Wurzeln der Handlesekunst reichen bis ins antike Griechenland von Aristoteles zurück, der auf einem Altar für den Gott Hermes eine Abhandlung über die Handlesekunst entdeckte, die er dann Alexander dem Großen vorstellte, der großes Interesse daran hatte, den Charakter seiner Beamten zu untersuchen, indem er die Linien in seinen Händen analysierte.

Aristoteles behauptete, dass Zeilen nicht ohne Grund auf die Hand des Menschen geschrieben werden. Sie entspringen astralen Einflüssen und der eigenen Individualität des Menschen. Folglich haben Aristoteles, Hippokrates und Alexander der Große die Praxis des Handlesens populär gemacht. Hippokrates verwendete die Handlesekunst in seinen klinischen Verfahren.

Von Griechenland aus verbreitete sich das Wissen über die Handlesekunst nach Indien, Tibet, China, Persien, Ägypten und anderen europäischen

Ländern. Studien zeigen, dass ältere Gemeinschaften wie die Sumerer, Tibeter, Hebräer, Babylonier, Ägypter und Perser am Studium und der Ausübung des Handlesens interessiert waren. Andere behaupten, dass die Kunst des Handlesens in Indien begann.

Die moderne Handlesekunst kombiniert Vorhersagetechniken mit Psychologie, ganzheitlicher Heilung sowie alternativen Methoden der Weissagung.

Die Kunst des Handlesens beinhaltet die Praxis, den Charakter einer Person oder ihr zukünftiges Leben zu bewerten, indem man die Handfläche dieser Person liest. Ein Leser beginnt normalerweise mit der dominanten Hand, der Hand, die die Person am häufigsten schreibt oder benutzt, da sie als bewusster Verstand angesehen wird, während der andere Teil die Manifestation des Unbewussten ist.

In einigen Handlesetraditionen glaubt man, dass Hände erbliche oder familiäre Merkmale haben oder, je nach den kosmologischen Überzeugungen des Chi-Romantikers, dass sie Informationen über die Vergangenheit des Lebens oder karmische Zustände vermitteln können.

Das Grundgerüst der Handlesekunst hat seine Wurzeln in der griechischen Mythologie. Jeder Bereich der Handfläche und der Finger ist mit einem Gott oder einer Göttin verbunden, und die Eigenschaften des Bereichs zeigen die Natur der entsprechenden Aspekte. Zum Beispiel wird der Ringfinger mit dem griechischen Gott Apollo in Verbindung gebracht, die Eigenschaften des Ringfingers werden mit Kunst, Musik, Ästhetik, Ruhm, Reichtum und Harmonie in Verbindung gebracht.

Die drei Linien, die in fast jeder Hand zu finden sind und denen im Allgemeinen mehr Bedeutung beigemessen wird, sind: **Die Herzlinie**, die die erste der wichtigsten Linien ist, die von einem Leser untersucht werden. Es befindet sich auf der Oberseite der Handfläche unter den Fingern.

In einigen Traditionen liest die Linie von der Handinnenkante am kleinen Finger und fließt durch die Handfläche zum Daumen, in anderen wird sie als Ausgangspunkt an den Fingern gesehen und fließt zum äußeren Rand der Handfläche.

Chiromantisch interpretieren diese Linie, um Angelegenheiten des Herzens zu besprechen, sowohl körperliche als auch metaphorische, und sie kann emotionale Stabilität, romantische Einstellung, Depression und Stoizismus zeigen, zusätzlich zu verschiedenen Aspekten der Herzgesundheit, zum Beispiel ist die angekettete Herzlinie ein Zeichen für Herzprobleme.

Die nächste Linie, die durch Chiromantie identifiziert wird, ist die **Kopflinie.** Diese Linie beginnt am Rand der Handfläche mit dem Zeigefinger und fließt durch die Handfläche bis zum äußeren Rand. Oft verbindet sich die Hauptlinie mit der Lebenslinie. Chiromantische interpretieren diese Linie, um den Verstand der Person und die Art und Weise, wie sie funktioniert, zu analysieren, einschließlich des Lernstils, des Kommunikationsstils, des Intellektualismus und ihres Strebens nach Wissen.

Schließlich suchen Handleser nach der vielleicht umstrittensten Linie in der Hand, **der Linie des Lebens.** Diese Linie erstreckt sich von der Handinnenkante über dem Daumen und verläuft in einem Bogen zum Handgelenk. Es wird angenommen, dass diese Linie die Vitalität, die körperliche Gesundheit und das allgemeine Wohlbefinden einer Person darstellt.

Es wird auch angenommen, dass die Linie des Lebens große Veränderungen in Ihrem Leben widerspiegelt, einschließlich katastrophaler Ereignisse und körperlicher Verletzungen. Entgegen der landläufigen Meinung glaubt die moderne Handlesekunst im Allgemeinen nicht, dass die Länge der Lebensader einer Person mit der Länge des Lebens einer Person verbunden ist.

Es gibt eine weitere Linie, die als Schicksalslinie bezeichnet wird und sich von der Unterseite der Handfläche in der Nähe des Handgelenks über die Mitte der Handfläche bis zum Mittelfinger erstreckt. Es wird davon ausgegangen, dass diese Linie mit dem Lebensweg der Person verbunden ist, einschließlich der Wahl der Schule und des Berufs, der Erfolge und Hindernisse. Manchmal wird davon ausgegangen, dass diese Linie Umstände widerspiegelt, die außerhalb der Kontrolle der Person liegen, oder alternativ die Entscheidungen der Person und deren Konsequenzen.

Es gibt andere Linien von geringerer Bedeutung: die **Linie der Sonne**, die parallel zur Schicksalslinie am Ringfinger verläuft und von der angenommen wird, dass sie Ruhm oder Schande zeigt. **Der Venusgürtel**, der zwischen dem kleinen Finger und dem Ringfinger beginnt, verbindet sich in einem Bogen zwischen Ring- und Mittelfinger, um zwischen Mittel- und Zeigefinger zu enden, und es wird angenommen, dass er sich auf emotionale Intelligenz und die Fähigkeit zur Manipulation bezieht.

Die Apollo-Linie, die bedeutet, ein glückliches Leben zu haben, und reist von der Mondmontierung am Handgelenk, das von Apollos Finger herunterkommt. **Die Sinister Line**, die die Lebenslinie kreuzt und ein "X" bildet, ist ein sehr schlechtes Signal. Im Allgemeinen versuchen die Leser der Handflächen, diese Zeile nicht zu erwähnen, weil sie bei der gelesenen Person Besorgnis hervorrufen könnte.

Die Sprache der Hände

Wenn Sie die Persönlichkeit von jemandem entdecken möchten, den Sie gerade kennengelernt haben, sollten Sie sich seine Hände ansehen. Vielleicht haben Sie es schon einmal getan, ohne es zu merken. Die Art und Weise, wie Menschen ihre Hände benutzen und bewegen, kann Ihnen viele Informationen über ihre Persönlichkeit geben.

Hände verraten mehr Informationen über eine Person als ihr Gesicht, vor allem, wenn es um den ersten Eindruck geht. Wir können unsere Gesichtsausdrücke ändern, Make-up kann auch das Aussehen von Menschen verändern und viele Menschen haben sich plastischen Operationen unterzogen. Die Hände haben jedoch eine eigene Sprache, die schwer zu manipulieren ist.

Analysiere, wie wir unsere Hände benutzen, um Gefühle auszudrücken. Das Bewegen der Finger zeigt Ungeduld, die Fäuste sind gleichbedeutend mit Wut und Wut, die Verwendung des Zeigefingers zum Zeigen symbolisiert Aggression oder Anschuldigung und das Reiben der Hände Zuneigung und Zufriedenheit.

Im Geschäftsleben ist der Händedruck entscheidend, wenn er fest ist, interpretieren wir ihn als positives Zeichen, wenn er schwach ist, nehmen wir ihn als Geste der Unentschlossenheit, die eine instabile Natur zeigt. Denken Sie jedoch daran, dass ein fester Händedruck künstlich und fiktiv sein kann.

Es gibt andere, subtilere Wege, um herauszufinden, was die andere Person denkt. Wenn du ein finanzielles Problem mit jemand anderem besprichst und bemerkst, dass die Daumen der Person nach innen zeigen, deutet dies in ihrer Handfläche darauf hin, dass sie ihre wütenden Gefühle nicht zeigt und dass sie sie vielleicht vertuschen möchte.

Ein positiveres Zeichen ist, wenn Sie Ihre Fingerspitzen, insbesondere Ihren Daumen, an Ihrem kleinen Finger reiben, was passiert, wenn Sie versuchen, mehrere Ideen gleichzeitig zu generieren.

Das Drehen eines rings um den Finger zeigt schwierige und komplexe Ideen. Wenn sich der Ring am Mittelfinger befindet, zeigt dies, dass sich Geldprobleme nicht deutlich manifestieren. Handgesten können auch zur

Beleidigung verwendet werden. In mehreren Ländern wird es als unangenehm empfunden, den erhobenen Zeigefinger zu zeigen. Finger, die einen Ring tragen, manifestieren ebenfalls Informationen. In antiken Gemälden trugen berühmte Persönlichkeiten meist einen Ring am Zeigefinger, der Macht und Gier symbolisierte.

Offene und geschlossene Hände

Wenn wir die Hände auf einer ebenen Fläche ruhen sehen, ist es merkwürdig, wenn man sich die Art und Weise ansieht, wie sie platziert sind. Manche Menschen lassen ihre Finger von Natur aus gespreizt und diese Geste lehrt, dass ihre Persönlichkeit aufrichtig ist und dass sie sich wohl fühlen, wenn sie aus ihren Händen lesen. Wenn die Person ihre Finger spontan zusammenhält, bedeutet dies, dass sie Ablehnung gegenüber der Wahrsagerei empfindet.

Wenn die Hände geöffnet sind, entstehen gleich bei der Geburt Zwischenräume zwischen den Fingern, wo sie sich mit der Handfläche treffen. Sie können diese Lücken leichter sehen, wenn die

Finger angebracht sind und die Hand auf ein Licht ausgerichtet ist. Das bedeutet, dass die Person nicht nur aufrichtig, sondern auch wohltätig, gesellig, mitfühlend und empfänglich für neue Ideen und Erfahrungen ist.

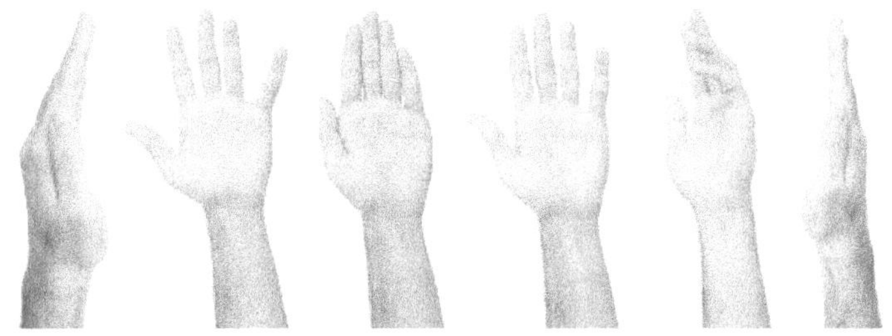

Wenn sich die Finger auf natürliche Weise von der Handfläche zurücklehnen, ohne Druck auszuüben, werden die oben genannten Besonderheiten hervorgehoben und die Person wird Anpassung manifestieren. Wenn andererseits keine Zwischenräume zwischen den Fingern sind, ist es möglich, dass die Person sich dafür entscheidet, an dem festzuhalten, was sie hat, im wahrsten Sinne des Lebens.

Wenn eine Hand geschlossen ist, wenn die Finger nicht nachgeben, wenn Druck von der Handfläche auf sie ausgeübt wird, sondern nach vorne gedreht werden, zeigt dies, dass das Temperament dieser Person unaufrichtig und gesellig ist und dass sie sich nicht in neues Lernen verstricken möchte.

Die Unbeweglichkeit der Finger zeigt eine Tendenz zum Widerstand gegen Veränderungen und den Wunsch, sich hartnäckig an Dingen, Traditionen und Vertrauten zu halten.

Die Länge der Hand

Die Größe der Hände ist aufschlussreich. Die längeren Hände gehören Menschen, die sich auf eine komplizierte Tätigkeit spezialisiert haben, die mit den Händen ausgeführt werden muss, wie zum Beispiel ein plastischer oder orthopädischer Chirurg.

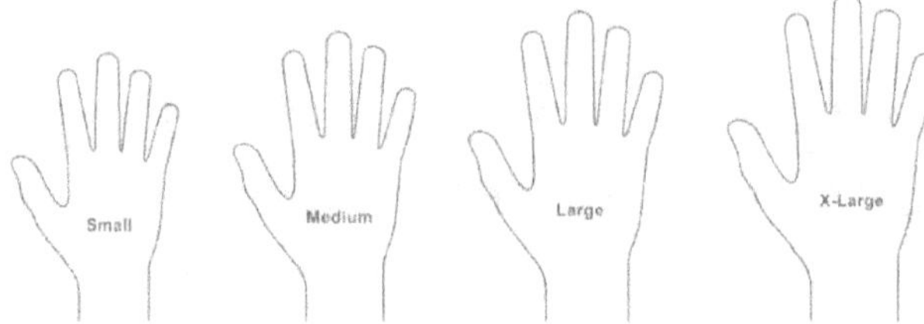

Menschen mit kleinen Händen widmen sich diesen Aufgaben in der Regel nicht und neigen dazu, sie in Situationen einzusetzen, die intuitiv und schnell erledigt werden müssen. Die natürliche Unruhe, Nervosität und Angst von Menschen mit kleinen Händen wird verstärkt, wenn ihre Finger kurz sind, auch die Nägel kurz sind, und in diesen Fällen kann der Mangel an Geduld zu einem komplizierten Problem werden.

Kleine Hände gehören in der Regel zu geeigneten, spezialisierten und sachkundigen Personen, wenn es darum geht, Veranstaltungen in größerem Rahmen zu organisieren. Sie sind unternehmerisch, aufmerksam, fleißig und erfolgreich und haben darüber hinaus die Fähigkeit, eine Führungsrolle zu übernehmen. Kleine Hände fühlen sich sehr angenehm an, aber große Hände sind in der Regel kalt.

In gewisser Weise kann dies als eine Manifestation zweier Temperamente gesehen werden. Kleine, saubere Hände von Menschen zeigen große Geschicklichkeit bei vielen Tätigkeiten und die Fähigkeit zur guten Koordination. Normalerweise müssen sich Menschen mit breiten Händen körperlich frei fühlen, und diejenigen, die kleinere, schmalere Handflächen haben, sind mit einem unbeweglichen Lebensstil zufrieden und sind Spezialisten für bürokratische Arbeiten.

Rechte und linke Hand

Bist du Rechtshänder oder Linkshänder? Dies ist die erste Frage, die Sie sich immer stellen sollten, wenn Sie die Hände eines Menschen untersuchen, da jede von ihnen eine völlig andere Bedeutung hat. Es ist möglich, dass sie sich physisch unterscheiden, nicht nur die Linien der Handfläche, sondern auch die Form der Finger. Dies ist jedoch nicht immer der Fall, da viele Menschen beide Hände fast gleich haben.

Manche Menschen sind beidhändig, wenn dies der Fall wäre, sollten Sie die Hand, mit der Sie schreiben, als die richtige betrachten. Die linke Hand zeugt von Persönlichkeit, Neigungen und vergangenen und gegenwärtigen Ereignissen. Die rechte Seite zeigt, wie sich die Persönlichkeit im Laufe der Zeit verändert hat oder ob sie kurz davorsteht, dies zu tun, und zeigt zukünftige Ereignisse an.

Wenn du die Hände eines Linkshänders analysierst, solltest du die rechte als die grundlegende betrachten, diejenige, die vergangene und gegenwärtige Ereignisse widerspiegelt, und die linke als diejenige, die mit der Zukunft verbunden ist.

Die Form der Hände

Es gibt fünf Grundformen von Händen, und jede von ihnen verrät etwas Bedeutendes über den Charakter einer Person. Es ist super einfach, die Form Ihrer Hände aus der Ferne zu beurteilen, so dass Sie, sobald Sie ihre Bedeutung verstanden haben, feststellen werden, dass Sie die Hände von jedem beobachten können.

Wenn Sie mehrere Hände betrachtet und studiert haben, werden Sie feststellen, dass einige offensichtlich zu einer bestimmten Kategorie gehören und dass andere eine Mischung aus mehreren sind. Ein Beispiel wäre eine Hand mit einer quadratischen Handfläche und Fingern in einer konischen Form.

Die Finger sind gelegentlich an derselben Hand unterschiedlich. Wenn es keine gibt, zeigt dies Vielseitigkeit, und es ist sehr schwierig, den Charakter dieser Person zu beschreiben. Wenn Sie sich die Form der Hände und Finger einer Person

ansehen, müssen Sie das Alter berücksichtigen.
Die Hände eines alten Menschen neigen dazu,
sich aufgrund von arthritischen oder
rheumatischen Problemen zu verformen,
zusätzlich dazu, steifer, schwieliger und weniger
flexibel zu sein.

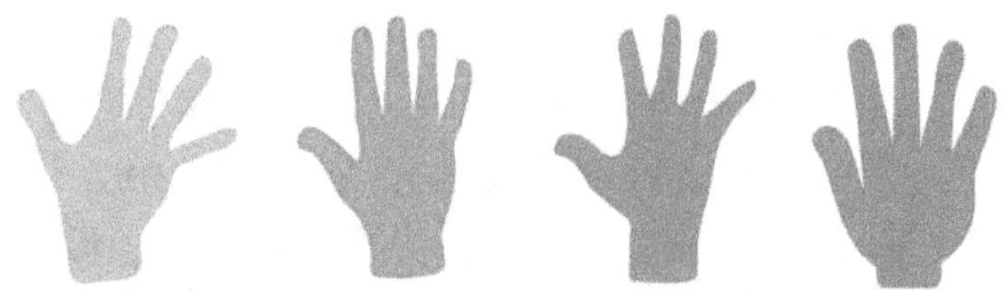

Die philosophische oder psychische Hand

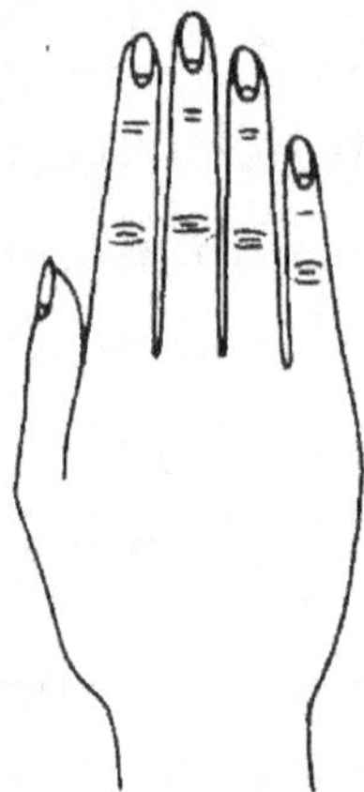

Diese Art von Hand ist, die am wenigsten
verbreitete. Er ist länglich, knochig, eckig und mit
ausgeprägten Ästen. Seine Träger interessieren

sich in der Regel für okkulte Themen, logie oder für Bereiche, die analytisches Denken erfordern. Sie sind schwer zu verstehen und neigen dazu, sich zurückzuziehen.

Sind die Gelenke der Finger sehr knorrig, wird methodisches Denken betont. Traditionell wird diese lange, dünne Hand von Künstlern und Bildhauern wegen ihrer Schönheit bevorzugt. Einige halten es jedoch für bedauerlich, da es auf einen Mangel an körperlicher und emotionaler Energie und eine Neigung zu Depressionen und Angstzuständen hindeutet. Diejenigen, die diese Hand haben, finden es schwierig, die subtilere Seite des Lebens zu sehen, und sind oft pessimistisch in ihren Gedanken. Sie leiden möglicherweise unter einem geringen Selbstwertgefühl und brauchen Ermutigung von ihren Mitmenschen, um erfolgreich zu sein.

Spachtel-Hände

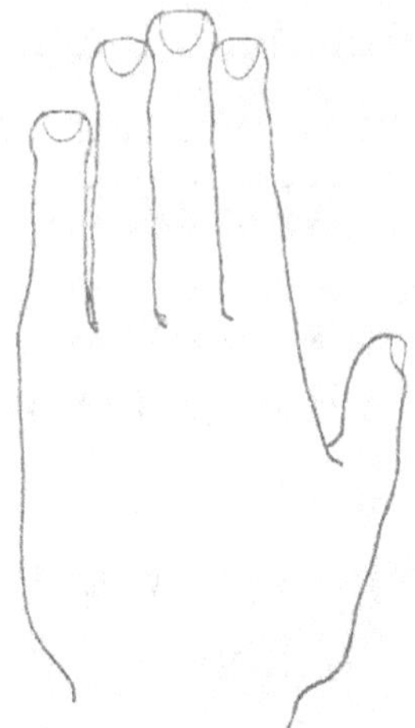

Dieser Name bezieht sich auf einen Spatel. Die Hand ist am Handgelenk breiter und verjüngt sich an der Basis der Finger nach innen. Die Finger scheinen sich zu den Spitzen hinzuverjüngen. Die Form der Hand scheint optisch nach innen zu schrumpfen, um ein strafferes Handgelenk zu erreichen. Die Spatel förmige Hand kann als Beurteilung des Charakters der Person angesehen werden.

Konische und spitze Hände

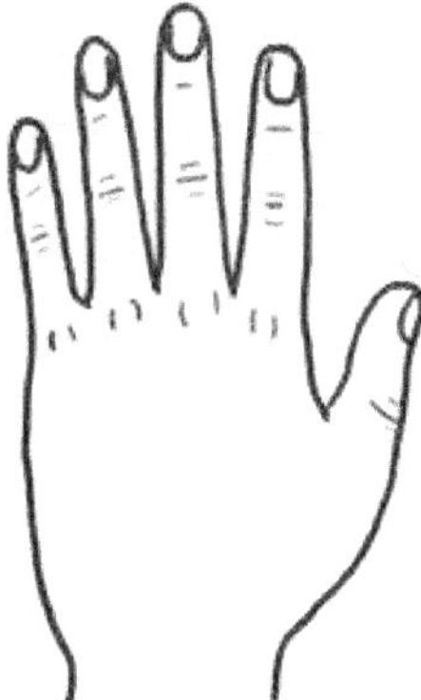

Diese Zeiger haben viele markierte Linien. Die
Handfläche ist mittelgroß und verjüngt sich
sichtbar zu den Fingern hin, die an den Spitzen
meist rund sind, sich aber nicht verjüngen. Die
Finger können in der gesamten Hand gleich groß
sein, so dass die sich verjüngende Hand leicht zu
finden ist.

Die Hand ist die eines schnellen Denkers und
Träumers. Menschen mit dieser Hand sind
hervorragend im Gespräch, in der Lage, Ideen und
Themen schnell zu erfassen und dann dynamisch
zu diskutieren. Ihre optimistische Seite verleiht
ihnen eine lebhafte Fantasie, die wiederum ihre
geselligen Qualitäten zu einer starken Eigenart
ihrer Persönlichkeit macht.

Diese angeborene Fähigkeit, sich in die emotionale Situation ihrer Mitmenschen hineinzuversetzen, macht sie zu ausgezeichneten Freunden in Zeiten der Not und zu guter Gesellschaft in guten Zeiten. Schönheit in all ihren Formen zieht sie an und sie haben oft künstlerische Talente und Geschmäcker.

Sie sind großzügig und helfen den Menschen in vielerlei Hinsicht. Dies kann sie müde machen oder sie der Gefahr aussetzen, von ihren Mitmenschen missbraucht zu werden. Für Menschen mit dieser Art von Hand ist es wichtig, sich Zeit für sich selbst zu nehmen, ihre Energien zu kanalisieren.

Ihre ausdrucksstarke Natur macht sie zu großartigen Darstellern, Schauspielern, Künstlern und Schriftstellern. Allein die sich verjüngende Hand kann jedoch bedeuten, dass eine Person zu viel Zeit in den Bereichen der Vorstellungskraft verbringt und einige der praktischen Fähigkeiten fehlen, die sie benötigt, um in ihrem bevorzugten Bereich erfolgreich zu sein.

Eine Anordnung, die oft bei erfolgreichen Kreativen zu sehen ist, ist die der konischen Hand in Kombination mit dem Quadrat. Dies zeigt

Erfolg, wenn die Handfläche quadratisch ist, und die Finger zeigen die Qualitäten der konischen Hand, die ihre Vorstellungskraft zeigt. Auf diese Weise kombiniert, deutet die Hand auf eine pragmatische und kreative Person hin, die über die Fähigkeiten verfügt, ihre kreativen Ideen erfolgreich umzusetzen.

Ihre ausdrucksstarke, emotionale Natur macht sie gut darin, langfristige Beziehungen aufzubauen und liebevolle Eltern zu werden. Sie stören sich nicht an Protokollen und machen das Leben für alle um sie herum zum Spaß. Die Gefahr für Menschen mit dieser Art von Hand besteht darin, sich zu viele Sorgen, um ihre Mitmenschen zu machen und überfürsorglich zu werden. Manchmal stellen sie vielleicht fest, dass die Sorgen der Welt sie beunruhigen, und fühlen sich dadurch betrübt.

Quadratische Zeiger

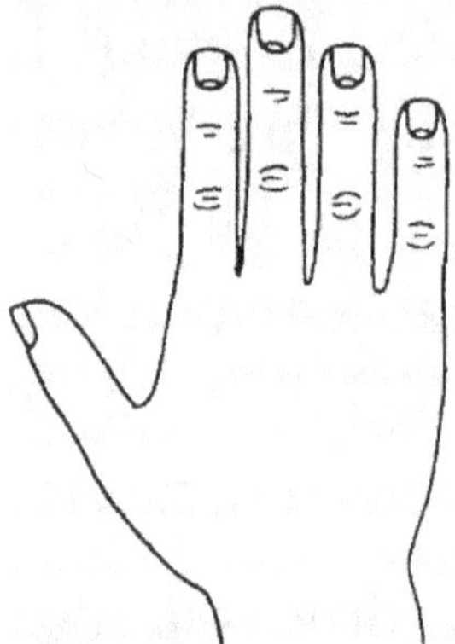

Sie haben viele Linien in der Handfläche, die ein Bedürfnis nach Konformität manifestieren, dass durch eine Grenze des Handelns und der Freiheit gegeben ist. Die Handfläche und die Fingerspitzen haben eine quadratische Form.

Menschen mit dieser Art von Hand sind praktisch, bodenständig und in der Lage, in jedem Lebensbereich erfolgreich zu sein. Sie haben Intelligenz und gesunden Menschenverstand und sind gut darin, Dinge mit ihren Händen zu bauen.

Sie neigen dazu, in ihrer Lebensperspektive sehr traditionell zu sein und in jedem Bereich ihres Lebens methodisch vorzugehen. Sie ziehen es vor, sich nicht von der Masse abzuheben, sie kleiden sich traditionell und elegant, immer gut präsentiert und sauber. Diese Menschen schätzen die

Gesetze, Regeln und Statuten, manchmal bis zu dem Punkt, an dem sie als unflexibel und eitel angesehen werden.

Sie sind jedoch zuverlässige und fähige Menschen, die hartnäckig daran arbeiten, solide Ergebnisse im Leben zu erzielen. Seine systematische Herangehensweise verbindet sich mit Hartnäckigkeit. Diese Personen machen einen Schritt nach dem anderen und stellen sicher, dass jeder Schritt zufriedenstellend abgeschlossen wird, bevor sie zum nächsten Schritt übergehen. Sie sind nicht fantasievoll, aber sie haben die Fähigkeit, durch die Stärke ihrer Persönlichkeit und ihrer persönlichen Qualitäten große Leistungen zu erbringen. Ehrlichkeit ist ihnen ebenso wichtig wie Regeln und Vorschriften.

Strenge Disziplin und die Einhaltung sozialer Normen und Regeln, zusammen mit einer gewissen Starrheit in ihrer Persönlichkeit, können es ihnen schwer machen, sich auszudrücken, aber wenn sie ihre Gefühle kundtun, können Sie sicher sein, dass sie aufrichtig sind.

Diese Hand zeigt auch eine Persönlichkeit, die die Dinge für bare Münze nimmt. Sie sind keine Experten darin, in irgendeinem Lebensbereich zwischen den Zeilen zu lesen und nehmen Sie beim Wort.

Das mag sie sensibel für diejenigen machen, die weniger aufrichtig sind als sie selbst, aber sie sind im Allgemeinen schwer zu überreden, da sie einen eigenen Beweis benötigen, bevor sie das, was ihnen gesagt wird, vollständig akzeptieren. Ehrliche, praktische, gelegentlich sture, aber sehr aufrichtige Menschen sind die Eigenschaften, die diese Person zeigen wird.

Die gemischten Hände

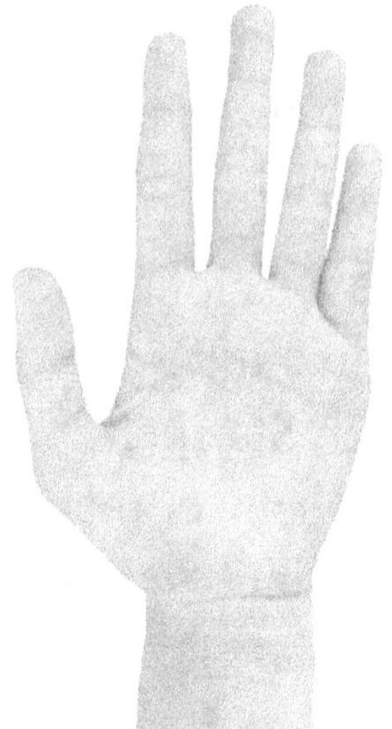

Die gemischte Hand kann am schwierigsten zu beurteilen sein. Im Allgemeinen bedeutet es eine

Person, die viele verschiedene Qualitäten und Talente hat. Das kann gut oder schlecht sein. So viele Talente deuten darauf hin, dass es keine wirkliche Begabung oder besondere Fähigkeit gibt, oder sie können eine wirklich vielseitige Person zeigen, die über Fähigkeiten verfügt, um in verschiedenen Bereichen erfolgreich zu sein.

Diejenigen, die die gemischte Hand haben, werden zwei Bereiche im Leben haben, die sie interessieren und in denen sie erfolgreich sind. Dies kann ein Beruf sein, in dem sie erfolgreich sind, und externe Interessen, die Sie ebenfalls zum Erfolg treiben. In Fällen, in denen die Handfläche quadratisch oder Spatel förmig ist und die Finger unterschiedliche Qualitäten aufweisen, wird das Zeichen normalerweise als gut bezeichnet. Dies impliziert, dass die Person mehrere Talente hat, aber auch, dass sie über starke praktische Fähigkeiten verfügt und ausdauernd ist.

Diese Kombination wird in talentierten und erfolgreichen Menschen zu finden sein. Diejenigen mit der gemischten Hand zeigen viel Energie und werden im Allgemeinen von Veränderungen profitieren. In persönlichen Beziehungen können sie auch das Bedürfnis verspüren, sich von Zeit zu Zeit zu ändern, und oft haben diejenigen mit einer gemischten Hand mehr als eine Beziehung im Leben, und manchmal sind sie nie im traditionellen Sinne eingerichtet.

Das Lesen der gemischten Hand kann für den Handballer eine Reihe von Schwierigkeiten mit sich bringen und ist die Art von Hand, die mehr als die anderen sorgfältiger gelesen werden sollte, aber die gemischte Hand weist auf viele Möglichkeiten für Erfolg im Leben hin.

Anmerkung:

Verweise auf die Linie und die Richtung der Finger werden gelesen, während die Handfläche mit den Fingern auf Sie zeigt.

Die Finger

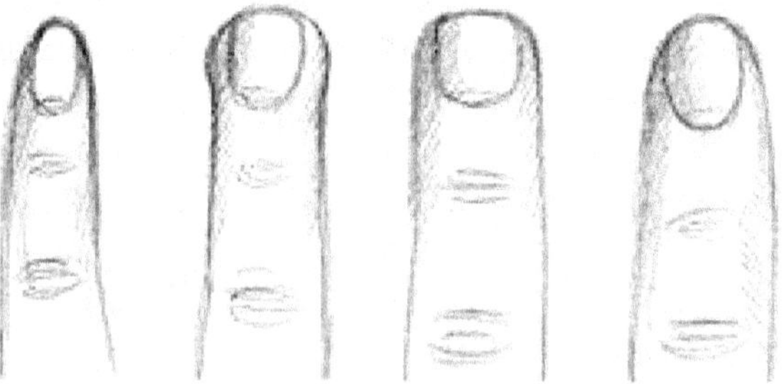

Die Finger zeigen die geistigen Qualitäten und intellektuellen Fähigkeiten eines Menschen.

Lange Finger zeugen von Liebe zum Detail und kurze Finger von einer Natur, die kraftvoll praktisch ist. In der psychischen Hand wird die Länge der Finger auf die Spitze getrieben und in diesem Fall kann die Person von Details besessen sein und nicht in der Lage sein, das große Ganze in irgendeinem Bereich ihres Lebens zu sehen.

Die meisten Finger fallen in eine Kategorie zwischen sehr lang oder sehr kurz, und in vielen Fällen dominieren ein oder mehrere Finger, was einen Hinweis darauf gibt, wie die Person ihre geistigen Fähigkeiten fokussiert und an welchen Bereichen sie am meisten interessiert ist.

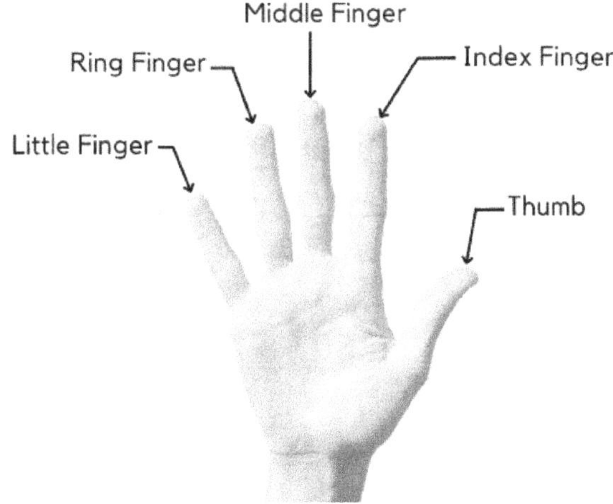

Wie beim Daumen zeigen die Finger ein Interesse an den Bedürfnissen anderer. Auch der Fingerabstand wird als sehr wichtig erachtet. Ein sehr großer Abstand zwischen dem ersten und zweiten Finger deutet auf eine breite Perspektive und starke Fähigkeiten im selbstständigen Denken hin.

Der Abstand zwischen dem zweiten und dritten Finger deutet auf eine Überzeugungskraft hin, die in der Lage ist, durchzuhalten und Hindernisse durch Hartnäckigkeit zu überwinden.

Zwischen dem dritten und vierten Finger zeigt eine Lücke die Fähigkeit, selbstständig zu handeln.

In den meisten Fällen wird der Abstand zwischen den Fingern variieren, aber in dem seltenen Fall, dass der gleiche Abstand vorhanden ist, deutet dies auf eine ausgeglichene Persönlichkeit hin, die in der Lage ist, erfolgreich zu sein.

Der erste Finger (der Zeigefinger)

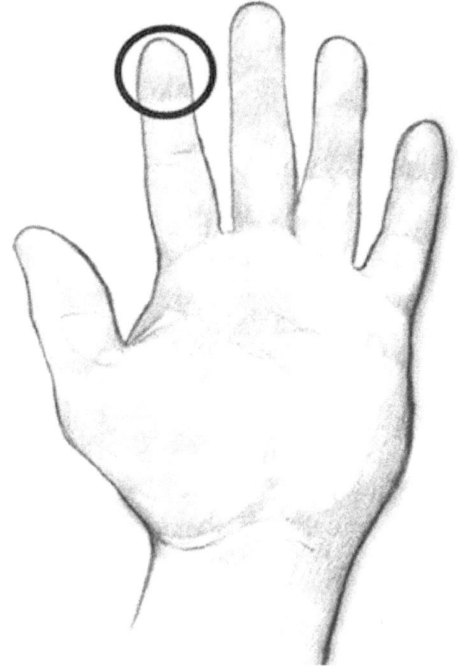

Benannt ist es nach Jupiter, dem römischen König
der Götter. Dieser Planet symbolisiert Macht und
Autorität. Handlesen bezieht sich auf die
Fähigkeiten der Person und ihre Beziehung zur
Autorität. Reichtum und Wohlstand sind ebenfalls
wichtige Partnerschaften. Es ist der Finger des
Ehrgeizes, der moralischen Ordnung, der
Möglichkeit der Liebe und der Sinnlichkeit.

Gerader Index

Sein Besitzer ist mit den Qualitäten eines Chefs, Intelligenz, der Fähigkeit, zu befehlen und gehorcht zu werden, Geist und unerschütterlicher Entschlossenheit ausgestattet.

Spitzer Index

Es zeigt eine angeborene Fähigkeit zur Organisation, sowohl im Leben als auch bei der Arbeit.

Diese Menschen werden von einem eher übertriebenen Stolz beherrscht. Diese Art von Finger kann auch eine Tendenz zur Mystik aufweisen. Ihre Besitzer haben ein Gespür für Ästhetik und können Großes erreichen, wenn sie ihre Ideen organisieren.

Quadratischer Index

Diese Menschen fühlen sich an gesellschaftliche Traditionen gebunden und dominiert und verhalten sich oberflächlich. Ihr Ehrgeiz ermöglicht ihnen den Zugang zu prestigeträchtigen Positionen.

Spachtel-Index

Es zeigt eine große Aktionskraft. Es ist
charakteristisch für diejenigen, die mit Fanatismus
für eine religiöse oder politische Sache
kämpfen. Sie können gute politische Förderer
sein.

Konischer Index

Es ist charakteristisch für ausgeglichene
Menschen. Sie sind zielstrebig, temperamentvoll
und unabhängig. Sie arbeiten und glauben an
alles, was sie tun. Sohn vertrauenswürdig.

Langer Index

Es offenbart einen rastlosen Geist, eine
wechselnde Stimmung, Empfänglichkeit,
Wankelmütigkeit, Stolz und Ehrgeiz.

Extrem langer Index

Er hat in der Regel die gleiche Länge wie der
Mittelfinger. Diese Menschen sind autoritär,
unnachgiebig, missbräuchlich und unflexibel.

Short-Index

Erreicht er die erste Phalanx des Mittelfingers, zeigt er Charakterschwäche. Bei der Arbeit sind diese Menschen ehrlich und detailliert und werden von ihren Kollegen in der Regel gut akzeptiert. Sie schaffen es jedoch nie, in wichtige Positionen vorzudringen.

Knorriger Index

Besonnenheit ist das Hauptmerkmal derjenigen, die diese Art von Zeigefinger haben. Sie sind aber auch eitle, nervige, ehrgeizige und berechnende Menschen. Ihnen fehlt es an Fantasie.

Glatter Index

Sie haben keine markierten Linien, keine Knoten. Diese Menschen sind spontan und zeigen einen völligen Mangel an Reflexion. Da sie ein bisschen oberflächlich sind, brauchen sie jemanden, der ihnen einen Riegel vorschiebt.

Fine Index

Es ist der charakteristische Finger von Menschen, die ein intensives Innenleben haben. Sie streben nicht nach materiellen Gütern, Reichtum oder privilegierten Positionen.

Dicker Index

Ehrgeiz treibt diese Menschen an, herausragende Positionen einzunehmen, da sie ihrer Familie ein angenehmes Leben bieten können. Sie lieben Luxus und Vergnügen.

Flexibler Index

Es zeugt von einem ehrgeizigen Geist. Menschen, die es haben, wissen, wie sie ihre Arbeit mit Takt und Scharfsinn erledigen können. Wenn sie ihre Ziele erreichen.

Zeigefinger stark von den anderen Fingern getrennt

Es ist typisch für die Menschen, denen das Glück immer zulächelt.

Indexlänge, gerade und Sinusknoten

Sie sind stolze Menschen, aber mit einem edlen Geist ausgestattet. Sie brechen nicht im Angesicht des Schicksals zusammen. Sohn freundlich, großzügig und gute Freunde.

Index lang und starr

Stolz ist vorhanden, aber im negativen Sinne. Diese Menschen sind egoistisch und sind sich der Bedeutung der Worte Großzügigkeit, Freundlichkeit, Harmonie und Frieden überhaupt nicht bewusst.

Sie verzeihen niemals eine wirkliche oder eingebildete Beleidigung und rächen sich auf die erbärmlichste Weise. Sie zögern nicht, zu vernichten, dass sie sie in irgendetwas übertreffen.

Kurzer, massiver, dicker und harter Index

Ehrgeiz ist das, was diese Menschen bewegt. Wenn sie nicht bekommen, was sie wollen, zögern sie nicht, Gewalt anzuwenden. Sie sind weder gute Ehemänner noch Väter.

Knorriger und gerader Index

Es zeigt eine übermäßige Autorität, typisch für grausame Diktatoren. Diese Leute wollen niemanden, und niemand will sie. Sie säen Unglück, wohin sie auch gehen, aber sie sind auch nicht glücklich.

Zeigefinger länger als Ringfinger

Das ist ungewöhnlich. Es zeigt Verachtung für alles, was mit Gefühlen zu tun hat. Wenn es darüber hinaus gestimmt ist, zeigt es, dass es sich um eine übermäßig eile und eingebildete Person handelt.

Der zweite Finger

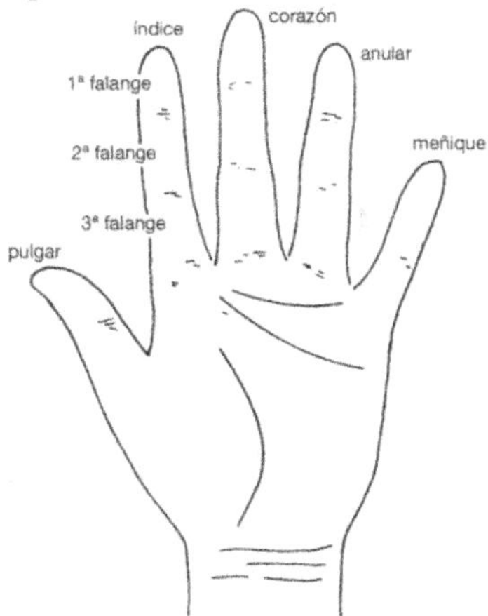

Er wird der Finger des Herzens oder Saturn genannt, der Planet der Gerechtigkeit, der Prüfungen und der Bestrafung, aber auch der Belohnungen.

Es ist der Planet der Arbeit, des Studiums und des Engagements, was langsamen, aber dauerhaften Fortschritt bedeutet. Er ist ein wichtiger Finger, weil er das Schicksal und die Persönlichkeit einer Person markiert.

Darin finden sich auch all jene Angaben, die sich auf Talent, Klarheit, Gedächtnis, Neugier und intellektuelle Fähigkeiten beziehen.

Anhand der Analyse dieses Fingers können wir entscheiden, ob eine Person Glück hat oder unglücklich, misstrauisch oder zuversichtlich, wagemutig oder schwankend und sogar extremistisch.

Schlanker Mittelfinger

Diese Leute haben Pech in allem, was sie anfangen. Obwohl sie stolz sind, haben sie eine edle Seele. Wenn sie mit ihrer Arbeit Erfolg haben, ist das nicht auf Glück zurückzuführen, sondern auf ihre Ausdauer.

Kurzer Mittelfinger

Das sind unsichere Menschen. Die Eigenschaften, die hervorstechen, sind Freundlichkeit, Intelligenz und Wille, die oft durch ihre Unentschlossenheit behindert werden. Sie wecken Sympathie.

Dicker, quadratischer Mittelfinger

Diese Menschen sind ehrlich, willensstark und willensstark. Sie lieben die Arbeit und sind freundlich, freundlich und gesellig.

Mittelfinger spachteln

Es zeigt Pessimismus, Disziplinlosigkeit und mangelndes Vertrauen in das Leben und die menschliche Spezies. Diese Menschen leiden unter Verfolgungswahn und wissen nicht immer, was sie wollen. Sie sind so abergläubisch, dass sie ans Lächerliche grenzen.

Knorriger Mittelfinger

Diese Menschen sind pessimistisch und skeptisch, aber sehr introspektiv, konstant und intelligent. Im Allgemeinen ermöglicht ihnen die Logik, die Krisen des Pessimismus, die in sie eindringen, zu überwinden und schnell das Vertrauen in sich selbst wiederzugewinnen.

Glatter und unmarkierter Herzfinger

Es zeigt außergewöhnliches Talent, vor allem intellektuelles. Diese Menschen sind dazu bestimmt, erfolgreich zu sein und erfolgreich zu sein, sie sind sympathisch und spontan. Ihr Familienleben ist immer positiv und fröhlich.

Fetter Finger

Es zeigt Eitelkeit, Dogmatismus, mangelndes Vertrauen in andere und liebt abstraktes Denken. Sie sind misstrauisch und misstrauisch.

Schlanker Mittelfinger

Es zeigt Sensibilität, Idealismus und hohe Gedanken, aber auch Inflexibilität. Diese

Menschen sind gut und zeigen im Allgemeinen eine große moralische Integrität.

Spitzer Mittelfinger

Sie sind in der Regel frivole und etwas eingebildete Menschen, sie lieben schöne und raffinierte Dinge. Sie sind großzügig, aber unzuverlässig.

Großer, krummer Finger des Herzens

Diese Menschen sind gewalttätig und manchmal rebellisch gegenüber allem, was sie umgibt. Auf die eine oder andere Weise sind sie immer auf der Suche nach Problemen und Konflikten.

Mittelfinger zum **Zeigefinger** gedreht

Diese Menschen haben übermäßigen Stolz und Ehrgeiz. Aufgrund ihrer schwierigen Natur sind sie in der Regel keine guten Kollegen.

Mittelfinger zum Ring geneigt

Sie sind bevorzugte Wesen, das Leben hat sie mit einem großen künstlerischen Sinn und einem Humor ausgestattet, der aus dem Rahmen fällt. Sie haben die Fähigkeit zu lieben. Sie sind freundlich und herzlich und haben ein umgängliches Temperament.

Der dritte Finger (der Ringfinger)

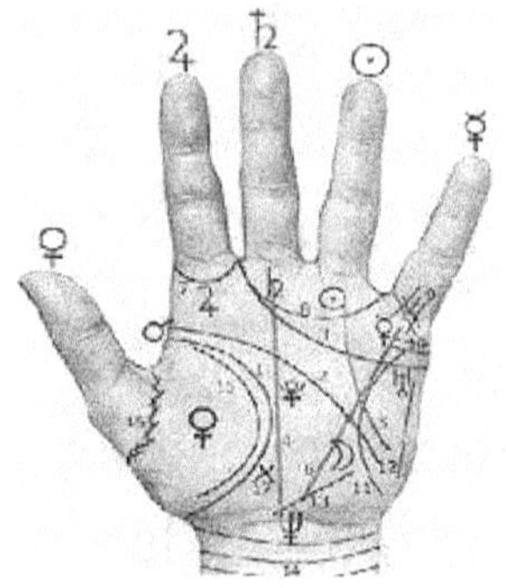

Es wurde von Apollo regiert, einem Gott, der von den alten Griechen vergoldet wurde. Dieser und der verwandte Berg sind in einigen Traditionen als Sonne und nicht als Apollo bekannt.

Mit dem Gesetz verbunden sind die Philosophie, die Künste und auch die Gabe der Prophezeiung. Sie offenbart den künstlerischen und ästhetischen Sinn, den kritischen Geist, die idealistischen Neigungen und den Mut eines Menschen.

Wenn angular lang ist, impliziert es einen phänomenalen künstlerischen Sinn, der jedoch durch die Liebe zu Prunk und Ruhm verändert wird. Diese Menschen haben in der Regel Zugang zu Berufen, die mit Design, Malerei und Mode zu tun haben.

Manchmal sind sie übermäßig ehrgeizig und idealistisch.

Wenn die Null kurz ist, handelt es sich um eine Eigenschaft, die sich direkt auf den Sinn des Ästhetischen auswirkt. Diese Leute sind praktisch veranlagt und fleißig. Sie lieben ihre Familie, finden aber mehr Befriedigung bei der Arbeit. Sie zeigen eine Vorliebe für Spekulationen.

Ringfinger zu kurz

Wenn es kaum die Basis der ersten Phalanx des Herzens erreicht, zeigt es, dass es sich um einen feigen Menschen handelt, der von niedrigen Impulsen beherrscht wird. Diese Menschen sind in der Regel in Geschäften tätig, was nicht immer rechtmäßig ist. Sie sind freundlich, laut und manchmal vulgär.

Ringfinger spitz

Es sind Menschen, die mit einem großen künstlerischen Sinn ausgestattet sind und eine gewisse Neigung zum Traum und zur Mystik zeigen. Sie träumen davon, sich dem Tanz oder der Malerei zu widmen, aber es fehlt ihnen das praktische Gespür, um ihre Wünsche zu verwirklichen. Übertriebene Neigung zur Mystik.

Ringfinger quadratisch

Sie zeigt Abneigung gegen alles, was ungerecht ist und der menschlichen Güte und den Gesetzen widerspricht. Diese Leute treten für den Triumph der Wahrheit und die Verteidigung der Unschuldigen ein. Sie lieben Luxus und Kunstwerke, vor allem die Gemälde der großen Meister.

Ringfinger sehr glatt und ohne Abdrücke

Es zeugt von künstlerischer Berufung und Pflichtbewusstsein. Wenn es auch Spatel förmig ist, bedeutet dies, dass diese Person das Abenteuer liebt und auf der Suche nach Neuheiten entfliehen möchte.

Ringfinger mit deutlichen Knoten

Das sind Menschen mit exzellenten künstlerischen Qualitäten, sie empfinden eine große Liebe zum Studium und zur Forschung.

Ringfinger länger als Zeigefinger

Es zeigt künstlerisches Temperament und Inspiration, die zu Ruhm führen können.

Ringfinger kürzer als Zeigefinger

Es zeugt von Egoismus und Oberflächlichkeit. Sie wollen mühelosen beruflichen Erfolg.

Der vierte Finger (der kleine Finger)

Er wurde von Merkur regiert, einem anderen Gott des alten Roms. Dieser Planet stand für den Götterboten und wird mit Handel, Reisen und Kommunikation in Verbindung gebracht.

Langer und dünner kleiner Finger

Es gehört normalerweise zu den Menschen, die sich zu ernsthaften und tiefgreifenden Studien oder wissenschaftlicher Forschung hingezogen fühlen. Sie sind geschickte Verhandlungsführer und berufen, im Leben erfolgreich zu sein.

Diese Leute wissen, wie sie ihre Angelegenheiten mit Takt und Diplomatie zu führen haben. Sie sind intelligent und zeigen den ständigen Wunsch, ihre Kultur zu verbessern. Sie fühlt sich ihrer Familie sehr verbunden, die sie als die wahre Säule ihres Lebens betrachten.

Kurzer kleiner Finger

Diese Menschen haben eine große Intuition und Wissensdurst. Sie haben Kultur und lernen gerne. Sie sind schlau und machen sich effizient an die Arbeit. Sein Hauptmerkmal ist Ehrlichkeit.

Dünner, spitzer kleiner Finger

Es zeigt einen Geist voller Mystik und eines tiefen methodischen Sinns. Sie sind in der Regel ausdrucksstarke, scharfsinnige Menschen mit einer großen Überzeugungskraft.

Sie sind geschäftstüchtig und schaffen es, alles zu verkaufen, was sie wollen. Sie werden sich in Politik, Werbung und Verkauf auszeichnen.

Quadratischer kleiner Finger

Es spiegelt einen liebenswerten und herzlichen Charakter wider. Sie sind mit großer Intelligenz ausgestattet und immer bereit, neues Wissen aufzunehmen und weiterführende Studien zu absolvieren.

Sie werden in den Berufen erfolgreich sein, die verschiedene Qualitäten erfordern.

Spachtelte kleiner Finger

Es zeigt die Liebe zu Sport und Aktivitäten, die körperliche Kraft erfordern.

Diese Menschen sind mit einer unglaublichen Leichtigkeit des Ausdrucks und der Suggestion ausgestattet.

Kleiner Finger mit der ersten Phalanx nach innen gewölbt

Diese Menschen fühlen sich zum Geld verhängnisvoll hingezogen und versuchen, es unrechtmäßig zu bekommen. Sie sind ehrgeizig, misstrauisch, eifersüchtig und unehrlich. Sorge um die Vorstellungskraft.

Weicher und flexibler kleiner Finger

Sie sind Menschen mit Fingerspitzengefühl und Diplomatie. Sie haben eine gute Ausbildung und zeichnen sich in allem, was sie tun, aus. Sie verteidigen die Sache der Menschheit. Sie sind großmütig, gastfreundlich, menschenfreundlich und freundlich, sie sind in der Regel sehr beliebt.

Fetter kleiner Finger

Es zeugt von einem Mangel an Unterscheidung und Anstand. Diese Menschen haben in der Regel einen unhöflichen Charakter, aber sie sind im Wesentlichen großzügig. Sie wollen gesehen werden.

Kleiner Finger mit deutlichen Knoten

Diese Menschen haben mehrere Qualitäten wie Mut, die Fähigkeit, sich im Geschäft zu entwickeln, Ehrlichkeit, Überzeugungskraft, Eloquenz und inneren Reichtum.

Schlanker und kleiner Finger

Es zeigt Intelligenz, aber auch eine übermäßige Dosis Böses und Neid. Diese Menschen wissen nicht, wie sie die Sympathie anderer gewinnen können.

Sie kämpfen darum, alles zu bekommen, was sie wollen, und sind mit einer klugen Intelligenz ausgestattet, die es ihnen ermöglicht, bei allem, was sie versuchen, erfolgreich zu sein.

Synthese

Jupiter

Wenn dieser Finger lang genug ist, um den Fingernagel des Saturn zu erreichen, zeigt er eine starke Persönlichkeit, die in der Lage ist, zu regieren, und eine Person mit einer Natur, der andere gerne folgen werden.

Wenn der Finger diesen Punkt nicht erreicht, ist es eine Person, die sich in einer Autoritätsposition unwohl fühlt und es vorzieht, ein Mitläufer zu sein, anstatt zu führen.

Wenn dieser Finger verdreht wird, suggeriert es Macht, die unehrlich sein kann, oder zumindest eine Person, die bereit ist, unmoralische Mittel anzuwenden, um Macht zu erlangen.

Er ist rechtschaffen und zeigt einen starken Sinn für Gerechtigkeit und Fairness, gemischt mit Führungsqualitäten. Wenn die Finger von Jupiter und Saturn gleich oder fast gleich groß sind, deutet dies auf diktatorische Natur hin.

Saturn

Ein sehr langer Finger von Saturn weist auf eine Person hin, die dazu neigt, die dunkle Seite des Lebens zu betrachten, jemanden, der Melancholie empfinden kann und eine negative oder Lebenseinstellung hat.

Wenn der Finger gebeugt oder gebeugt ist, werden diese Merkmale bis zur extremen Anomalie übertrieben.

Kürzer oder näher an den anderen Fingern, wird die zurückhaltende Natur des Saturn objektiver.

Manchmal kann Saturns Finger kürzer erscheinen als die anderen Finger, und dies zeigt, dass die Person übermäßig dem Spaß gewidmet ist und einen rücksichtslosen Charakter zeigen kann.

Apollo

In der griechischen Mythologie wurde der Gott Sol in vielen Lebensbereichen vermischt, aber im Studium der Handlesekunst bezieht er sich speziell auf die Künste, die Unterhaltung und die Kreativität.

Ein Apollo-Langfinger zeigt den Wunsch nach Ruhm, in der Regel durch irgendeine Form von künstlerischem Beruf, während ein kürzerer Finger Angst vor Bekanntheit oder Schüchternheit suggeriert.

Wenn dieser Finger krumm ist, kann es sich um ein Element der Täuschung im Charakter der Person handeln oder um die Verwendung von Täuschung, um Ruhm zu erlangen, während ein gerader Finger von Apollo künstlerische Gaben zeigt, die Erfolg bringen werden.

Der Grad des Erfolgs kann anhand der Dimension dieses Fingers im Verhältnis zu der des Saturn beurteilt werden. Wenn diese beiden Finger sehr nahe beieinander liegen oder sogar in der Länge sind, deutet dies auf eine starke Persönlichkeit hin, die talentiert und in der Lage ist, hart zu arbeiten und Risiken einzugehen.

Quecksilber
Dieser Finger wird mit dem Geschäft in Verbindung gebracht. Je länger dieser Finger ist, desto mehr Bedeutung wird die Person diesen Fähigkeiten beimessen. Ein enorm langer Finger von Merkur, der nach Apollos Fingernagel greift, zeigt Unehrlichkeit im Geschäft und die Hartnäckigkeit, jedes Mittel einzusetzen, um Erfolg zu haben. Ein kurzer Finger Merkur zeigt mangelnde Fähigkeiten in der Wirtschaft.

Der Daumen

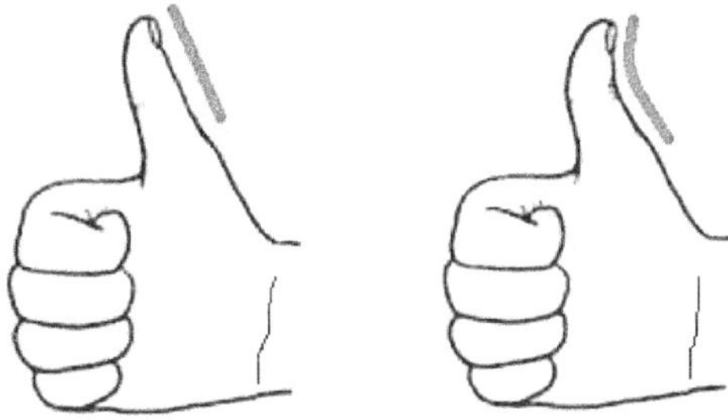

Er ist der wichtigste Finger, da er Wille, gesunden Menschenverstand und Vitalität zum Ausdruck bringt. Die erste Phalanx (die des Nagels) zeigt Willen. Der zweite gesunde Menschenverstand und der dritte, der Teil des Venusbergs ist, zeigt Liebe und Vorstellungskraft.

Menschen, die die ersten beiden Fingerglieder der gleichen Größe haben, halten ein Gleichgewicht zwischen allen positiven Eigenschaften, die im Daumen vorhanden sind. Wille, gesunder Menschenverstand und Liebe harmonieren zu einem ausgewogenen Stil.

Die Daumen liefern eine Momentaufnahme des Hintergrunds und der genetischen Veranlagung der Person.

Die linke und rechte Hand soll unser Potenzial bei der Geburt zeigen und was wir durch unsere eigenen Handlungen aus diesem Potenzial machen, aber Daumen beziehen sich speziell auf die Eigenschaften, die wir von unseren Eltern und Großeltern geerbt haben und manifestieren die Art und Weise, wie wir erzogen wurden.

Ein fester Daumen mit steifen Gelenken zeugt von Entschlossenheit, einer Neigung zur Zurückhaltung und einem traditionellen Auftreten in der Lebenseinstellung.

Diejenigen, die diese Art von Daumen haben, betonen das Aussehen, aber sie können viel weniger traditionell sein, als sie auf den ersten Blick erscheinen.

Hinter seiner geheimnisvollen Natur verbirgt sich möglicherweise eine viel weniger traditionelle Persönlichkeit, als der erste Eindruck vermuten lässt. Die Entschlossenheit, die auf diese Art von Daumen hindeutet, kann sich auch als Sturheit manifestieren und zu einer reduzierten Lebenseinstellung führen.

Diese Person kümmert sich darum, was die Leute von ihr denken, und kann alles tun, um ihre Natur zu verbergen, wenn sie das Gefühl hat, dass dies negative Meinungen anzieht.

Je flexibler der Daumen ist, desto offener sind
Eigenheiten, Abenteuer und weniger Rücksicht
auf Äußerlichkeiten traditionellen Charakters. Die
meisten Daumen liegen irgendwo zwischen den
beiden, und andere Aspekte können verwendet
werden, um ein besseres Verständnis für das
Wesen der Person zu erlangen.

Die Länge des Daumens hängt von der
Willenskraft und dem Charakter der Person ab.

 Ein langer Daumen zeigt einen starken Charakter,
und ein kürzerer Daumen deutet auf
Unnachgiebigkeit hin.

Wesentliche Arten von Daumen

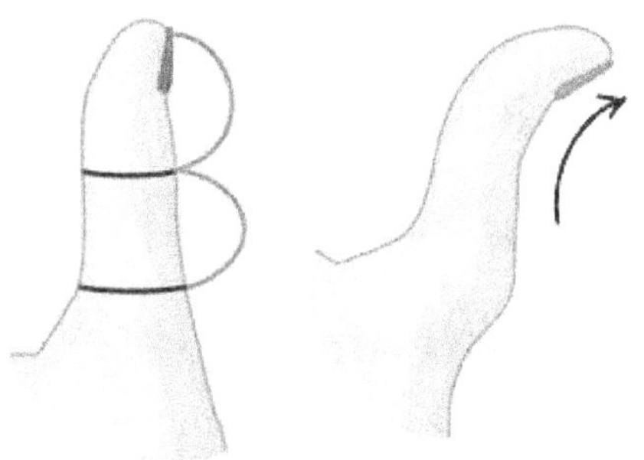

Flexibel

Je flexibler der Daumen ist, desto leichter lässt er sich nach hinten neigen. Dies symbolisiert, dass die Person bescheiden und aufgeschlossen ist, aber manchmal kann es traditionell sein. Sie ist nicht stur und daher offen für neue Konzepte. Diese Person lehnt Konflikte ab und meidet gewalttätige Situationen. Diese Art von Menschen ist großzügig, und sie zeigen es nicht nur materiell, sondern auch geistig. Eine weitere seiner Eigenschaften ist sein mitfühlendes, freundliches und ehrliches Verhalten.

Wenn der Daumen sehr flexibel ist, hat er wahrscheinlich eine ungestüme Haltung. Sein einziger Nachteil ist, dass er dazu neigt, mehr zu versprechen, als er hat, um andere zu entschädigen. Um Enttäuschungen zu vermeiden, ist es ratsam, diese Art von Person subtil zu verdächtigen.

Steifer Daumen

Diejenigen mit steifen Daumen können sehr strenge Kriterien haben und sehr entschlossen sein. Daher brauchen sie lange, um alles zu berücksichtigen, und daher fehlt es ihnen an

Einfachheit. Wenn der Daumen unflexibel ist und auch sehr nah an der Hand ist, deutet dies darauf hin, dass er gerne polemisiert und andere konfrontiert und dass er manchmal Ideen und dogmatische Unterscheidungen hat.

Diese Art von Menschen brauchen herablassende und tolerante Freunde. Durch Stimulation können diese Daumen erweicht werden. Diese Veränderung der Einstellung zeigt sich in einer leichten Veränderung des Daumens selbst.

Die obere Phalanx des Daumens ist mit dem Willen verbunden, während die untere mit der Logik verbunden ist. Der längere der beiden wird eine größere Dominanz über die Persönlichkeit haben.

Flexibilität ist bei beiden Fingergliedern ein gutes Zeichen. Wenn der untere Teil entspannter oder flexibler ist als der obere Teil, wird es der Person leichter fallen, sich an die Umstände anzupassen. Die Denkkraft wird in bestimmten Situationen eingesetzt, und die Notwendigkeit, sich an andere anzupassen, wird eine zweitrangige Überlegung sein.

Konzentriert man sich hingegen auf die Flexibilität an der Spitze, ändert sich die offensichtliche Sturheit.

Langer Daumen

Wenn es in seiner Größe den Punkt der Vereinigung zwischen dem Zeigefinger und der Handfläche übersteigt, zeigt es außergewöhnliche Energie, Willenskraft, Opferbereitschaft und Vorstellungskraft. Diese Menschen haben auch eine transzendentale Intelligenz und sind in der Regel sehr vertraut.

Daumen und erste Phalanx Long

Dieser Typus ist charakteristisch für Diktatoren und Autokraten. Stolz, Eigensinn und Bosheit sind die charakteristischen Eigenschaften dieser Menschen, denen es an Intelligenz, Initiative und Menschlichkeit mangelt, Eigenschaften, die bei denjenigen vorhanden sein müssen, die zur Herrschaft ernannt sind.

Dieser Daumen geht weit über den Ansatzpunkt zwischen Zeige- und Handfläche hinaus und kann sogar die zweite Phalanx des Zeigefingers erreichen. Ihre Besitzer sind energisch, stur und stur.

Daumen und Fingerglieder von zu langer Länge

Diese Menschen haben die gleichen Charaktere wie diejenigen, die einen langen Daumen haben, aber so ausgewogen verteilt, dass sie besondere Menschen sind.

Kurzer Daumen

Wenn es den Punkt der Vereinigung zwischen dem Index und der Handfläche nicht erreicht, zeigt es, dass es sich um eine Person handelt, der es an Lebensenergie mangelt, dass sie schwach und variabel ist. Sie hat keine Initiative und braucht jemanden, der sie unermüdlich ermutigt, aber die Ergebnisse sind in der Regel nicht überragend.

Sehr kurzer Daumen

Es zeigt einen absoluten Mangel an Energie und
Moral. Menschen, die es haben, sind unfähig,
Initiativen zu ergreifen, sind pessimistisch,
anfällig und anfällig für Selbstmord.

Dicker Daumen

Diese Art von Daumen ist in der Regel nicht zu
lang. Es zeigt körperliche Energie und
Hartnäckigkeit. Menschen mit diesem Daumen
akzeptieren nicht die Vorstellung, dass man
manchmal seine Kriterien verlieren und ändern
kann.

Sehr grober und fester Daumen

Ein Daumen mit einer dicken Basis zeigt Exzesse
in Essen und Trinken sowie eine gewisse
Unverschämtheit.

Schlanker Daumen

Es zeigt in der Regel einen schlechten
Gesundheitszustand und einen Mangel an

Persönlichkeit. Ihren Besitzern fehlt es an Willenskraft. Wenn dieser Daumen klein und Schnabel ist, zeigt er Unsittlichkeit.

Breiter Daumen

Es ist exklusiv für hartnäckige Menschen, aber guten Willens. Sie haben ein großes Verantwortungsbewusstsein.

Breiter und langer Daumen

Es zeugt von Stolz, und die Krieger, die in ihren Auseinandersetzungen Gewalt anwenden, haben ihn normalerweise.

Geknoteter Daumen

Es zeigt eine originelle Persönlichkeit. Es ist charakteristisch für freundliche und kommunikative Menschen, die leicht Freunde finden. Es ist bei Malern, Künstlern und Dekorateuren weit verbreitet.

Glatter Daumen

Es drückt den Adel in den Gefühlen aus, durch oder ohne Willen. Das liegt daran, dass Menschen, die es haben, jemanden brauchen, der sie zum Handeln drängt.

Gerader und senkrechter Daumen

Dieser Finger sieht aus, als wäre er am Zeigefinger befestigt, und wenn sich die erste Phalanx nicht nach außen neigt, zeigt er moralische Rechtschaffenheit und außerordentliche Zweckmäßigkeit. Die Menschen, die es haben, sind loyal, ehrlich und offen und wissen, wie man mit Konflikten umgeht.

Daumen nach außen gedreht

Diese Menschen sind großzügig und geben nur wenig Geld aus. Das bereitet ihnen eine Menge Probleme.

Daumen unsanft nach außen gedreht

Zeigt einen schwachen Charakter an. Menschen mit diesem Daumen wissen nicht, wie sie den Impulsen widerstehen sollen, sie sind gefräßig und lüstern. Sie sind freundlich und lieben die Familie.

Daumen nach innen der Handfläche gedreht

Menschen mit diesem Daumen haben einen festen Charakter, aber sie sind gierig. Sie bekommen immer das, was sie planen und lassen sich von niemandem beeinflussen. Es ist unwahrscheinlich, dass sie Freunde finden, und sie zögern oft, zu helfen, besonders wenn es um Geld geht. Pünktlich und bis zur Besessenheit organisiert, sind sie in den Berufen erfolgreich, die Genauigkeit erfordern.

Daumen bogenförmig vom Zeigefinger weg

Es drückt guten Willen und Unabhängigkeit aus. Aman seine Familie, aber sie sind wankelmütig.

Daumen mit schrägem Ursprung

Es ist charakteristisch für Künstler, Sänger und
Musiker. Diese Menschen zeigen eine besondere
Liebe zur Harmonie. Sie sind ehrlich, freundlich
und großartig.

Daumen in Standardgröße

Diese Art von Finger ist weder groß noch klein,
sondern harmonisch. Zeigt einen ausgeglichenen
Charakter an.

Hand- und Fingerkombinationen

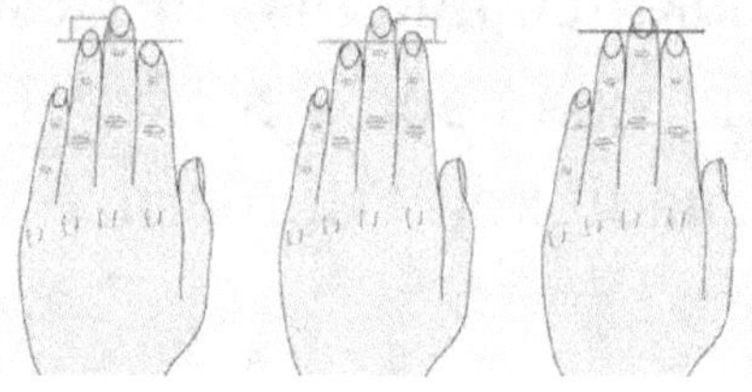

Bevor Sie mit dem Lesen Ihrer Handfläche
beginnen, schauen Sie sich Ihre Finger an, um zu
sehen, ob sie kurz oder lang sind. Das ist nicht
immer einfach, aber mit etwas Übung können Sie
die Länge des Fingers auf einen Blick
einschätzen.

Finger werden als lang beurteilt, wenn sie sich nach hinten krümmen und einen Punkt entlang der Handfläche berühren können. Es gibt Ausnahmen, denn manche Menschen haben sehr flexible Hände, andere sehr starr. Außerdem kann jemand mit einer langen Handfläche lange Finger haben, die nur bis zur Mitte der Handfläche reichen, da die Handfläche selbst sehr lang ist.

Wenn du Erfahrung sammelst, kannst du auf die Handfläche einer Person schauen und weißt sofort, ob die Finger lang oder kurz sind. Das Problem ist, wenn Sie zum ersten Mal lernen und eine Hand mit Fingern finden, die weder lang noch kurz zu sein scheinen.

Lange Finger

Wenn die Finger lang sind, hat die Person Spaß an der Arbeit. Er ist geduldig und genießt die Details.

Kurze Finger

Jemand mit kurzen Fingern ist fast das Gegenteil. Sie werden sich mehr für das Allgemeine als für die Details interessieren und nicht viel Geduld

haben. Oft bewegen sich mehrere Dinge
gleichzeitig.

Mittellange Finger

Ein Gluten mit Fingern, die weder lang noch kurz
sind, kann sehr geduldig sein. Zu anderen Zeiten
neigt er jedoch dazu, zuerst zu springen und später
zu denken. Wenn etwas wichtig ist, möchte man
auf den Grund gehen und alles lösen.

Anmerkung:

Beim Studium der Finger ist es wichtig, die
Phalanx jedes Fingers zu berücksichtigen, da
diese den Willen, die Vernunft, die Besonnenheit
und die Aufregung zeigen. Die perfekte
Zusammensetzung ist Phalangen gleicher Länge
an allen Fingern, aber in der Regel treten
Veränderungen auf. Die Länge der Fingerglieder
an jedem Finger jeder Hand kann verwendet
werden, um zu beurteilen, wie die Person ihre
Talente einsetzt.

Denken Sie beim Lesen der Handfläche daran,
dass die Geradheit der Finger immer ein positiver

Faktor ist und dass die Tendenzen, die sie zeigen, wenn sie sich nach rechts oder links lehnen, möglicherweise nicht betont werden.

Die Linien und die Berge der Hände

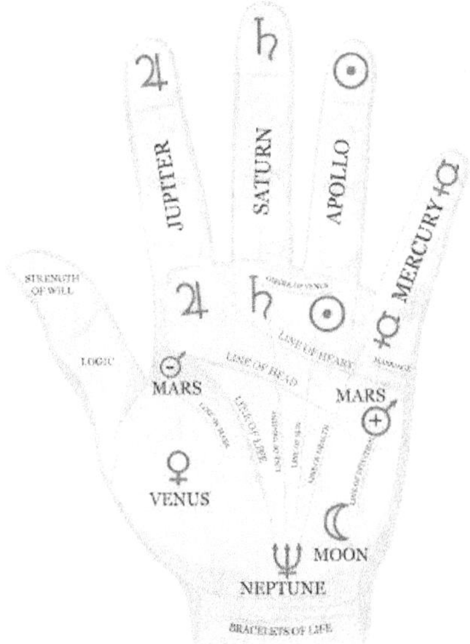

Die wichtigsten Merkmale der Handfläche und die am besten identifizierbaren sind die Linien und erhöhten Bereiche, die als Reittiere bekannt sind. Diese Eigenschaften können sich im Laufe unseres Lebens ändern, obwohl es wahrscheinlich ist, dass sich die Berge im Erwachsenenalter nicht wesentlich verändern werden.

Beim Lesen der Mounts und der Linien gelten die gleichen Regeln wie beim Rest der Hand. Die linke Seite ist mit dem verbunden, was unser Potenzial bei der Geburt ist, und die rechte Seite mit dem, was wir mit unserem Potenzial tun, ist es.

Eine schnelle Analyse der Hände der meisten Menschen zeigt, dass es erhebliche Unterschiede zwischen den Linien gibt, insbesondere in jeder Hand. Die Variation ist in einigen Fällen gering, aber es ist üblich, bei vielen Menschen signifikante Linien zu finden, die in Länge oder Form variieren. Diesen Unterschieden sollte besondere Aufmerksamkeit geschenkt werden, da sie auf Aspekte des Lebens hinweisen können, in denen die Person ihr Potenzial nicht ausschöpft oder es überschritten hat. Beides ist möglich und üblich.

Die Berge deuten

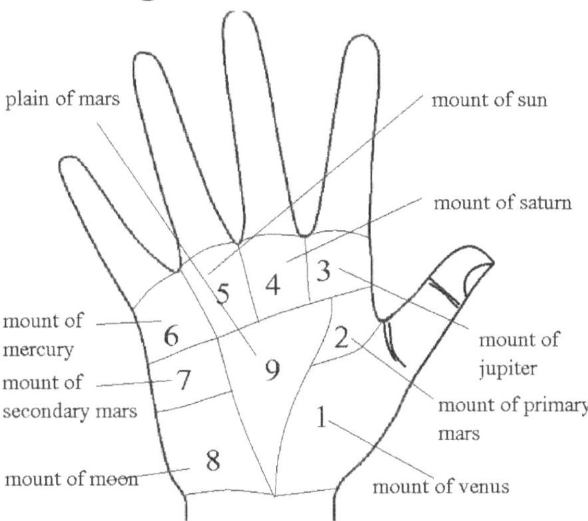

Dies ist der Name für die mehr oder weniger offensichtlichen Beulen, die sich in der Handfläche neben der Basis der Finger befinden. Es gibt sieben Berge, die nach dem Planeten benannt sind, der sie entweder positiv oder negativ beeinflusst.

Es muss bedacht werden, dass, wenn sich ein Berg auf einen anderen stützt oder ruht, er alle seine Besonderheiten erhält. Diese sind im Laufe des Lebens viel weniger Veränderungen unterworfen, und viele traditionelle Palmisten würden vorschlagen, dass sie sich nicht wesentlich ändern.

Es hat sich jedoch gezeigt, dass dies geschehen ist und fast immer bedeutet, dass eine aufschlussreiche oder sehr schwerwiegende Veränderung im Leben der Person entstanden ist.

Die Berge auf der Palme sind nach den gleichen Astralkörpern benannt wie die Finger und jeder ist nach dem Finger benannt, der darunter platziert ist.

Darüber hinaus gibt es auch Montes neben und vor dem Daumen, die entsprechend Venus und Mond genannt werden, und zwei weitere Montierungen, die beide auf dem Mars genannt werden, einer über dem Daumen und unterhalb des Jupiterbergs und ein anderer, der sich auf der gegenüberliegenden Seite der Hand befindet, die sich zwischen dem Mond Berg und dem des Merkur befindet.

Diese letzten beiden Berge werden in der traditionellen Handlesekunst manchmal als positiver Mars und negativer Mars bezeichnet.

Wenn Sie die Passepartouts lesen, müssen Sie die genaue Position der einzelnen Montierungen berücksichtigen, da sie oft gleichmäßig verteilt sind oder die gleiche Größe haben.

In vielen Fällen lehnen sich die Montes zurück, was bedeutet, dass einige der Montes näher an einem Finger mit einem anderen Namen sein können als dem, der ihnen ihren Namen gibt. Dies zeigt, dass die Qualitäten der Montes mehr von denen des jeweiligen Fingers bestimmt werden. Berge haben folgende Eigenschaften:

Mount Jupiter (an der Basis des Zeigefingers)

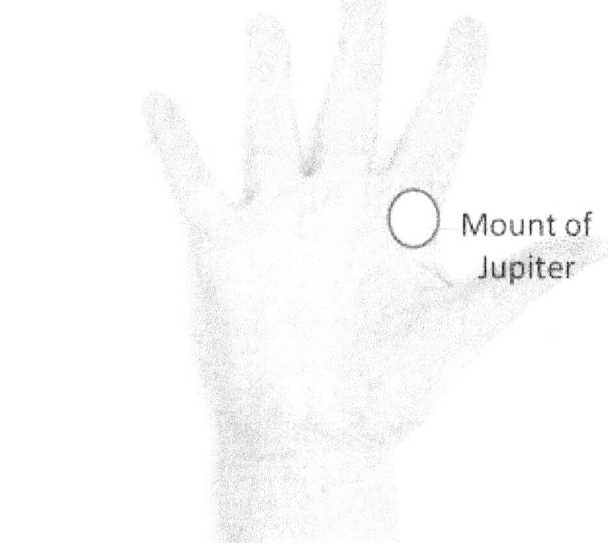

Der Jupiterberg bezieht sich auf die Liebe zu Kommandoposten und Religion. Es impliziert auch edle Absichten, den Wunsch nach Ehre, die Liebe zur Natur und Glück im affektiven Leben.

Normale Jupiter-Montierung

Es drückt eine Persönlichkeit aus, die reich an positiven Elementen ist, Würde, Adel der Seele, Freundlichkeit, aufrichtige Liebe, ausgeglichenes Verhalten, gesunder Menschenverstand und Umsicht. Diese Menschen sind wahrhaft aufrichtig und berufen, Direktorenpositionen zu bekleiden. Ihre Untergebenen zeigen ihnen immer Vertrauen und Zuneigung.

Der Berg Jupiter niedrig und ohne offensichtliche Spuren

Diese Menschen haben die gleichen Besonderheiten wie die der früheren Gruppe, sind aber weniger auffällig. Sie lieben Ruhe und ein entspanntes Leben, aber wenn sie mit Problemen konfrontiert werden, wissen sie, wie sie kraftvoll und mutig reagieren müssen. Sie sind auch ausbalanciert.

Der Berg Jupiter hoch und markiert

Es zeigt Egoismus, übertriebenen Stolz, Machtgier und Unfug. Diese Menschen sind so stolz, dass sie lieber im Elend leben würden, als eine bescheidenere Position einzunehmen als die, nach der sie sich sehnen.

Sie erkennen ihre Fehler nie, so offensichtlich sie auch sein mögen.

Sehr hoher und markanter Berg Jupiter

Es zeugt von Eitelkeit und Genuss. Diese Menschen empfinden eine übermäßige Liebe zu Luxus und Ruhm, sie sind skrupellos. Sie sind fanatisch, herrschsüchtig und diktatorisch.

Mount Jupiter glatt

Es zeigt einen Mangel an Persönlichkeit und einen schwachen und langweiligen Charakter.

Der Berg Jupiter zerquetscht

Es spiegelt einen Mangel an Stolz, Selbstliebe und spirituellem Sinn wider. Person mit Neigung zur Nachlässigkeit.

Der Berg Jupiter befindet sich zwischen
Zeigefinger **und** Mittelfinger

Was die Spiritualität betrifft, so offenbart sie ein völliges Desinteresse an allem Materiellen. Diese Menschen sind in der Regel nicht sehr sympathisch für die Menschen um sie herum.

Der Berg Saturn (befindet sich an der Basis des Herzens)

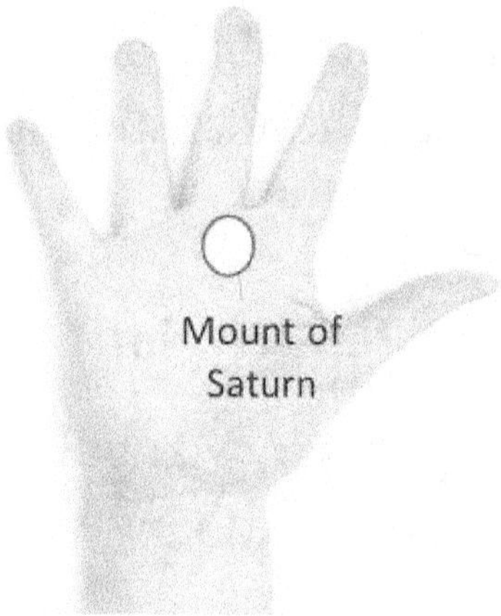

Dieser Berg zeigt Klugheit, Weisheit, Wissensdurst und die Wildheit der Zeit.

Normaler Berg Saturn

Es zeigt ein ruhiges Leben voller Enthusiasmus, ein Leben, das vom wirtschaftlichen Glück begünstigt wird und in dem es keine großen Überraschungen geben wird. Diese Menschen versorgen ihre Lieben in der Regel mit Einfachheit, Wissen und Frieden.

Saturn leicht erhöht

Diese Menschen weisen die gleichen Qualitäten auf wie die der früheren Gruppe, sind aber abgeschwächter.

Markanter und akzentuierter Saturnberg

Es ist selten, einen Saturnberg zu finden, der diese Eigenschaften aufweist, aber einige Leute tun es. Es zeigt Introvertiertheit, Melancholie, Besinnung, Frömmigkeit und Mystik. Diese Menschen lieben es zu lernen. Sie widmen sich lieber jenen Jobs, in denen sie keine Beziehung zu anderen Menschen haben, weil sie dazu neigen, distanziert zu sein. Sie sind in der Regel traurige und apathische Menschen.

Der Saturn ist flach und wenig greifbar

Es ist normalerweise bei unglücklichen Menschen vorhanden, denen das Schicksal folgt. Trotz dieses düsteren Bildes ist die Wahrheit, dass sie außergewöhnliche Menschen sind, vor allem wegen des Vertrauens, das sie in die Menschheit, die Zukunft und die Fairness haben. Manchmal wird dieses Vertrauen belohnt.

Der Saturn ist gesunken

Es zeigt Oberflächlichkeit, Apathie, Gewissenlosigkeit und Faulheit. Diese Menschen sind in der Regel sehr rücksichtslos und gehen ihre Angehörigen immer wieder in Kompromisse ein. Das liegt an seinem Mangel an gesundem Menschenverstand und der Schwäche seines Charakters. Sie zeichnen sich jedoch dadurch aus, dass sie prächtig, fröhlich und freundlich sind und wissen, wie man intensiv liebt.

Mount Apollo (an der Basis des Rings)

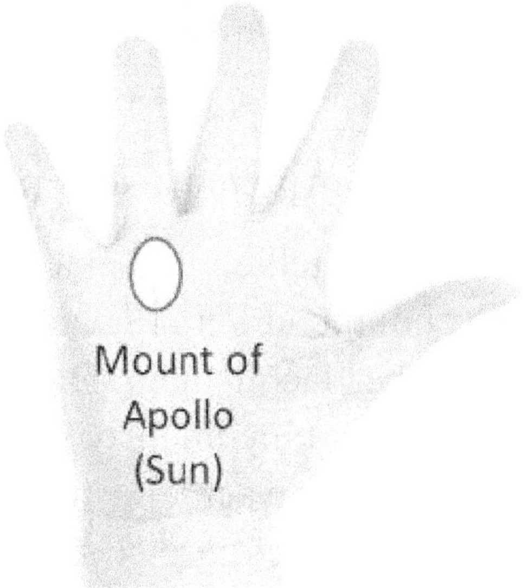

Es bezieht sich auf Schicksal, Vorsehung, Gefahr, Abenteuer, Ruhm, Triumph und Größe. Es spiegelt auch Spiritualität, Aufrichtigkeit und Liebe zur Kunst wider.

Normaler Berg Apollo

Diese Menschen sind mit elegantem Geschmack, ästhetischen Talenten, Kreativität und Intelligenz ausgestattet. Glück und Reichtum werden sie mit Wohlbefinden und Bewunderern erfüllen. Das sind loyale, ehrliche, freundliche und kommunikative Menschen. Sie haben eine persönliche Anziehungskraft, die sie erfolgreich macht, und haben ein großes Interesse an künstlerischen Erfindungen.

Der Berg Apollo ist sehr prominent

Es zeigt Eitelkeit und eine übermäßige Liebe zu Reichtum und Vergnügen. Es ist auch ein Zeichen von Oberflächlichkeit. Diese Menschen empfinden eine intensive Liebe zur Kunst, aber die früheren Nachteile machen es ihnen unmöglich, erfolgreich zu sein, weil sie das Geld viel mehr verführt.

Mount Apollo glatt und nicht sehr markant

Es zeigt eine völlige Abwesenheit von Liebe zur Kunst, Interesse am Geschäft und einen Mangel an Eleganz. Diese Leute sind vulgär, aber sie vergolden den Luxus. Sie sind auch ehrlich, fleißig und akribisch. Sie neigen dazu, bei Jobs, die schnelle Reflexe erfordern, abzuweichen.

Der Berg Apollo zerschmettert

Es zeigt die Liebe zur Kunst, zur Spiritualität und zum Mala Glück. Diese Menschen haben oft viele Enttäuschungen, Enttäuschungen und Schicksalsschläge. Sie sind jedoch mit einem intensiven inneren Reichtum ausgestattet, und es ist nicht verwunderlich, dass das Schicksal ihnen bestimmte Befriedigungen wie Triumphe und wirtschaftlichen Wohlstand gibt. Sie haben ein Talent zum Schreiben.

Berg Merkur (zu finden an der Basis des kleinen Fingers)

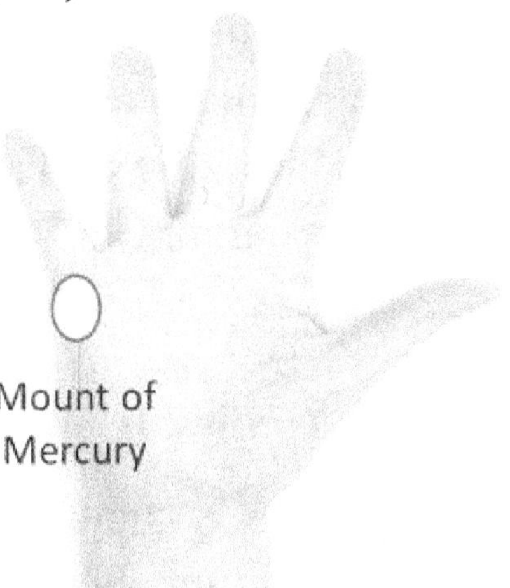

Dieses Reittier zeugt von Eloquenz und scharfsinniger Intelligenz, aber auch von einer großen Fähigkeit, Ziele zu erreichen, und viel Talent für Wirtschaft und Wissenschaft. Es zeigt eine Neigung zum Handel und Interesse an Studien, insbesondere an medizinischen Wissenschaften. Es bezieht sich auch auf Falschmeldungen, Überzeugungskraft, die Fähigkeit zu täuschen, Gelddurst und mangelnde Ehre.

Normaler Mont Merkur

Diese Menschen haben ein Interesse an wissenschaftlichen Studien. Sie verfügen über vielseitige Intelligenz, organisatorische Fähigkeiten und Initiative. Sohn sehr eloquent und anpassungsfähig. Sie sind jedoch auch anfällig, geizig, unanständig und manchmal egoistisch. Sie denken nur daran, Geld zu verdienen.

Merkur prominent

Diese Menschen haben die gleichen Eigenschaften wie die der früheren Gruppe, aber nicht ihre Fehler, die Laster des Nordens. Das heißt, sie sind weder kleinlich noch eitel, und sie sind sehr anständig.

Der Merkur ist sehr prominent und erhaben

Die Unregelmäßigkeiten, die diese Gruppe charakterisieren, sind sehr auffällig. Sie sind unehrliche und gierige Menschen, die eine übermäßige Liebe zum Geld haben und völlig skrupellos sind. Diese Eigenschaften sind häufig bei Kriminellen zu finden.

Sie haben auch gewisse positive Eigenschaften, da sie ordentlich und akribisch sind und eine tiefe Liebe zu ihrer Familie und zum Studium empfinden. Sie sind in der Regel unfreundlich.

Montieren Sie Merkur flach und glatt

Es ist charakteristisch für Menschen, die keine Persönlichkeit haben.

Ihnen fehlt das Pflichtbewusstsein völlig und sie schieben alle Verantwortung auf andere ab. Die negativen Aspekte dieser Art von Monte werden vollständig aufgehoben, wenn eine Kette von offensichtlichen Linien erscheint, die sich zur Oberseite der Hand hin erstreckt.

Der Merkur ist gesunken

Diese Menschen sind unehrlich und beteiligen sich oft an Diebstahl und Betrug. Es ist ratsam, sich von ihnen fernzuhalten.

Mars-Montierung (gefunden unter dem Merkur-Berg)

Es bezieht sich auf die Fähigkeit, gegen das Schicksal und negative Kräfte zu kämpfen, Ausdauer, Mut und Liebe zum Studium.

Standard-Mars-Montierung

Diese Menschen haben viel Selbstvertrauen, große Selbstbeherrschung und Selbstliebe. Darüber hinaus sind sie furchtlos und großzügig.

Erhöhte Mars-Montierung

Es zeigt Bosheit und Bosheit, Ungerechtigkeit, die zu Tyrannei, Gewalt und Arroganz geführt wird. Diese Leute sind organisiert, aber sie akzeptieren nicht, dass ihnen widersprochen wird. Sie wählen in der Regel Berufe, in denen sie befehlen können, aber weil es ihnen an Menschlichkeit mangelt, verursachen sie Unzufriedenheit unter ihren Kollegen.

Sehr prominente Mars-Montierung

Die oben genannten Mängel sind bei diesen Menschen akzentuiert. In ihnen grenzt Tyrannei an Brutalität und Misshandlung. Diese Menschen haben auch kaltes Blut und eine perfekte Nervenkontrolle.

Flache Mars-Montierung

Es zeugt von mangelndem Mut und moralischer Schwäche. Diese Menschen sind nicht in der Lage, Entscheidungen zu treffen, ohne vorher Rat von Familie oder Freunden einzuholen. Jede Beziehung zu ihren Kollegen und ihren Vorgesetzten ist geprägt von einem Mangel an Offenheit. Sie haben auch kein Verantwortungsbewusstsein oder Initiative, aber das bedeutet nicht, dass sie Menschen ohne Talent sind.

Mars-Mount zerquetscht

Diese Menschen haben die gleichen Eigenschaften wie die der früheren Gruppe, wenn auch stärker akzentuiert.

Der Berg der Venus

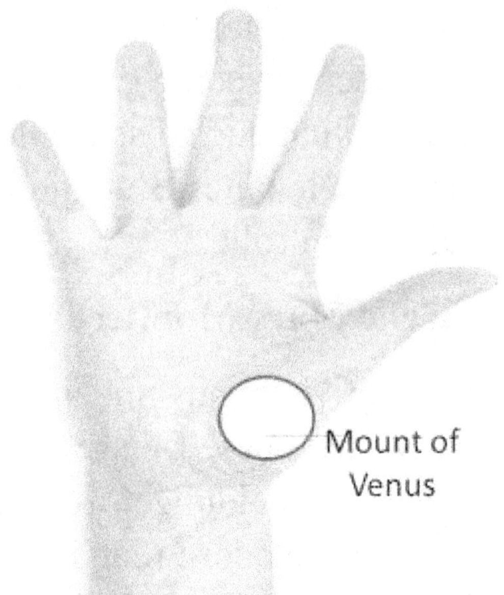

Neben dem Daumen gelegen, ist dies einer der größten Berge. Es bezieht sich auf Emotionen, Liebe, Beziehungen, zuhause und die Fähigkeit der Person, mit anderen in Beziehung zu treten. Normalerweise im Verhältnis zu den anderen Montes, symbolisiert es Qualitäten der liebevollen Natur, eine Person, die ihre Beziehungen und Freundschaften schätzt.

Die Bedürfnisse anderer haben Priorität, und die Qualität der Beziehungen ist wichtig für die Person mit einem normal entwickelten Venusberg.

Ob dieser Berg fortgeschritten ist, oder eine nachsichtige Natur, Promiskuität und Oberflächlichkeit zeigt. Das Bedürfnis nach sofortigen Belohnungen ist ein starkes Merkmal von Menschen mit einem fortgeschrittenen Venusberg, und dies erzeugt ein Gefühl der Unzufriedenheit im Leben.

Unterentwickelt deutet dieses Reittier auf eine kalte, kritische Natur mit einer begrenzten Verbindung zu seiner Familie und seinen wenigen Freunden hin.

Menschen mit einem vernünftigen Venusberg sind Liebhaber der Natur, der Gastronomie und lustiger Momente. Sie haben in der Regel einen guten Geschmack und lieben es, andere mit

Früchten der Erde zu erfreuen, um Wärme zu erzeugen.

Der flache Venusberg

Es besagt, dass Zuneigung mehr auf einer mentalen oder spirituellen Ebene als auf einer physischen Ebene angesiedelt ist. Es bezieht sich auf Liebe, Sensibilität, affektive Fähigkeiten, Sinnlichkeit und Lebensenergie.

Normale Venus-Montierung

Es ist weich, aber nicht übermäßig. Es ist gut geformt und hat sichtbare Dehnungsstreifen und Zeichen, obwohl sie weder markiert noch gefärbt sind. Es zeigt Großzügigkeit, Freundlichkeit, Zärtlichkeit, die Fähigkeit, aufrichtig zu lieben, Sensibilität, Eleganz und Liebe zur Familie.

Venusberg sehr prominent und mit mehreren vertikalen Symbolen

Es zeigt eine Liebe zum Luxus und eine große körperliche Energie, die für Liebesaffären

aufgewendet wird. Diese Menschen sind
misstrauisch und besitzergreifend.

Der Mont der Venus ist flach oder nicht sehr offensichtlich

Es spiegelt Egoismus, mangelnde Sensibilität,
Faulheit, Abwesenheit von Spiritualität und
Einfachheit wider.

Diese Menschen interessieren sich für nichts, was
nicht mit ihrem persönlichen Wohlbefinden zu tun
hat. Sie zeigen keinerlei Empathie gegenüber den
Menschen um sie herum und sind nicht
unterstützend.

Der Venusberg ist dünn und wenig breiig

Es zeugt von mangelnder Größe, kleinlichem
Egoismus und Neid. Diese Leute sind ein
bisschen gierig. Sie sind selten bereit, eine Geste
der Großzügigkeit zu machen.

Der Venusberg ist wenig prominent und ohne Linien

Es spiegelt einen ruhigen, kontrollierten und kalten Charakter wider. Sie können jeden Beruf erfolgreich ausüben.

Die Mondmontierung

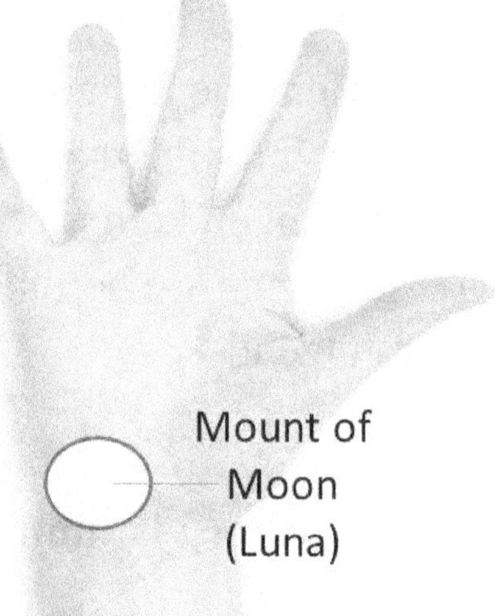

Es bezieht sich auf Fantasie, Romantik und Reisen. Wenn es sehr entwickelt ist, ist die Person in der Lage, andere zu verstehen, da diese Eigenschaft die Person mit den Bedürfnissen anderer verbindet. Manchmal kann ein sehr ausgeprägtes Reittier zu einer übermäßig emotionalen Haltung führen, was bedeutet, dass die Person nicht in der Lage ist, zu denken.

Diejenigen, die die Macht der Prophezeiung haben, haben ein entwickeltes Mondreittier. Wenn es übermäßig entwickelt ist oder dazu neigt, zu lügen oder zu phantasieren. Wenn Sie unterentwickelt oder abwesend sind, schlagen Sie eine Person ohne Vorstellungskraft vor.

.

Normale Mondmontierung

Diese Menschen sind mit einer treuen Fantasie ausgestattet und fühlen sich von Buchstaben angezogen. Sie sind in der Regel kultiviert und fleißig. Sie haben immer den Kopf in den Wolken, sind aber freundlich und gesprächig.

Berg des Mondes erhöht

Zeigt Reizbarkeit und Instabilität an. Sie sind launische und abergläubische Menschen, die sich nach einer prestigeträchtigen sozialen Position sehnen. Obwohl sie einen starren Charakter haben, werden sie aufgrund ihrer Ausstrahlung in der Regel akzeptiert. Sie sind intelligent und haben einen großen Willen.

Der Berg des Mondes sehr hoch

Diese Menschen sind freundlich und umgänglich. Sie haben eine große Fantasie und schätzen teure Dinge und gute Spirituosen.

Berg des Mondes flach

Es kommt nicht oft vor, dass man dieses Zeichen findet, das einen neutralen und pessimistischen Charakter hat.

Berg des quadratischen Mondes

Es zeigt einen äußerst offenen, ehrlichen, loyalen, mutigen, kühnen und furchtlosen Charakter. Diese Menschen erfreuen sich ausgezeichneter Gesundheit und großer moralischer Rechtschaffenheit.

Berg des Schmalen Mondes

Es zeigt einen misstrauischen und sehr umsichtigen, sparsamen und heuchlerischen Charakter. Auch wenn das Quadrat nur im unteren Bereich abnimmt, zeigt es Schüchternheit, Unentschlossenheit und die Fähigkeit, Gefühle zu verbergen, und Egoismus. Auf der anderen Seite, wenn sie ziemlich tiefe Linien überschreiten, wird dies Unreife und Unfähigkeit zeigen, sich Schwierigkeiten zu stellen.

Die Linien der Handfläche

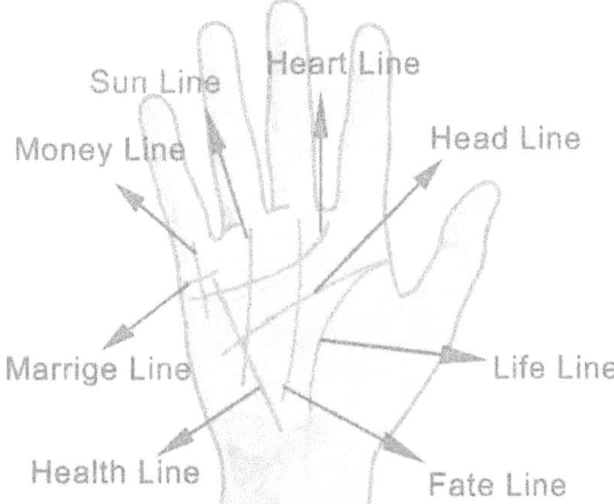

Es gibt fünf Hauptzeilen, die gelesen werden, um die Natur, das Potenzial und die Zukunft einer Person zu verstehen.

Diese sind: die Linie des Lebens, die Linie des Kopfes, die Linie des Herzens, die Linie des Schicksals und die Linie der Ehe.

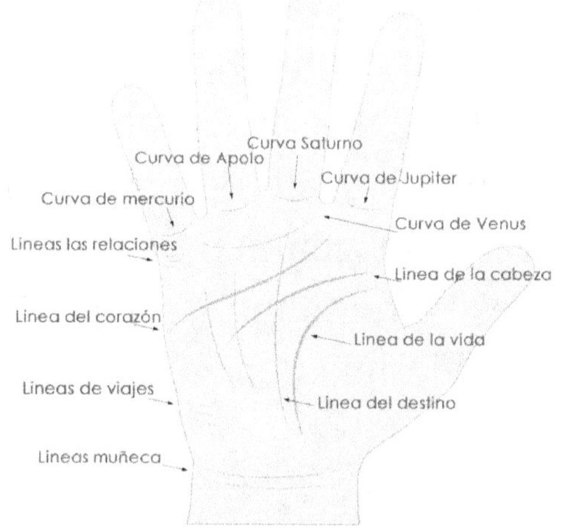

Großes Dreieck

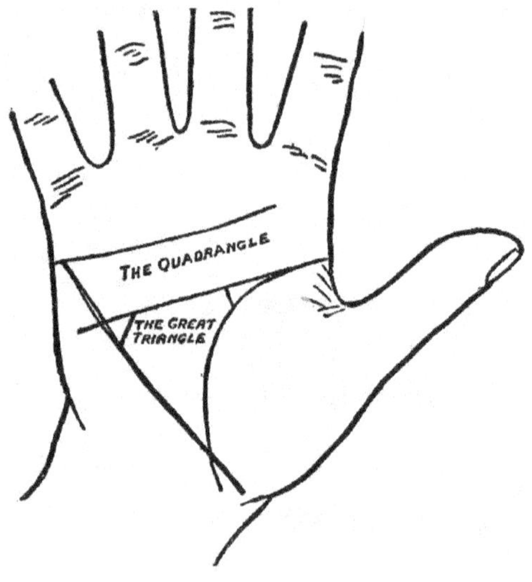

Dieses Dreieck wird von der Linie des Lebens, der Linie des Kopfes und der Linie der Sonne gebildet. Gut definiert, erfreuen sich diese Menschen guter Gesundheit und werden niemals ernsthafte Krankheiten oder Unfälle haben.

Sie haben eine lebhafte Intelligenz und eine außergewöhnliche Lernfähigkeit.

Großes Dreieck

Es zeigt Freundlichkeit, Adel der Gefühle, Sensibilität, Ehrlichkeit, Großzügigkeit und eine gewisse Schüchternheit.

Ähnlich wie ein Rechteck

Diese Menschen haben Begabungen für Magie und okkulte Wissenschaften.

Großes Dreieck Schmal

Es zeigt einen sparsamen Geist, der an Gier und Kleinlichkeit grenzt.

Großes Dreieck befindet sich weit unten (in der Nähe der Armbandmarkierungen)

Es zeigt Faulheit und mangelnde Begeisterung für Studien und menschliche Beziehungen. Diese Menschen lieben die Einsamkeit und können sie auch ohne gute Musik oder ein gutes Buch genießen.

Ein gut sichtbarer Winkel

Es bietet eine lebendige Intelligenz und moralische Ausgeglichenheit.

Unterer (oder Gesundheits-) Winkel

Sie wird von der Linie des Lebens und der Sun Line gebildet. Wenn es gut sichtbar ist, zeigt es Gesundheit, Gleichgewicht und Intelligenz.

Langlebigkeitswinkel

Sie wird von der Headline und der Health Line gebildet. Wenn die Linien gut sichtbar und gut markiert sind, werden diese Menschen ein langes und gesundes Leben genießen.

Moll-Dreieck

Sie wird von der Saturnlinie, der Kopflinie und der Sonnenlinie gebildet. Wenn es gut definiert ist, zeigt es, dass es eine intelligente und sehr neugierige Person ist.

Die Lebensader

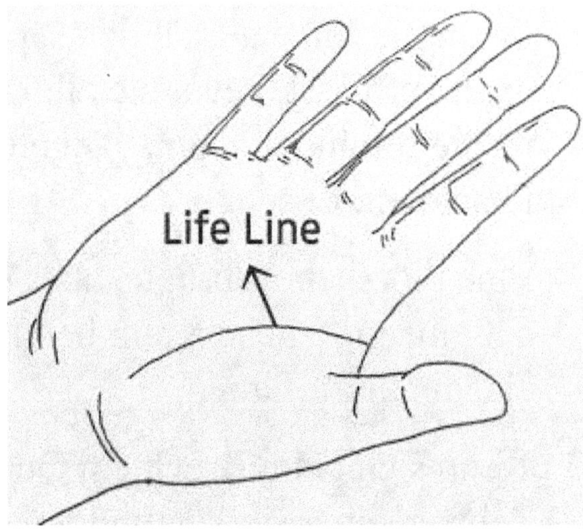

Diese Linie verläuft um den Venusberg herum und umkreist den Daumen. Eine klare, lange Linie deutet auf einen insgesamt guten

Gesundheitszustand und möglicherweise ein längeres Leben hin.

Wenn es schwächer und weniger gerade ist, zeigt es eine Schwäche in der Gesundheit. Dies bedeutet jedoch keine ernsthafte Krankheit, sondern nur, dass die Person mehr auf ihre allgemeine Gesundheit achten muss.

Risse der Lebensleine weisen auf eine schwerere Erkrankung hin, und die Qualität der Lebenslinie vor und nach dem Riss zeigt, wie schwer die Krankheit ist.

Wenn die Linie allmählich schwächer wird und dann verblasst, bevor sie allmählich zurückkehrt, ist die Implikation eine längere und schwächender Krankheit.

Eine plötzliche, abrupte, aber kurze Pause deutet auf eine plötzliche Krankheit hin und kann zu einem Unfall führen.

Wenn sich beim Bruch ein Quadrat bildet, ist das Zeichen einer starken und vollständigen Erholung und wird als gutes Omen gewertet.

Es ist nicht ungewöhnlich, eine doppelte Rettungsleine auf der Handfläche zu finden. Es gibt unterschiedliche Vereinbarungen über die Bedeutung dieser Funktion. Es wird allgemein gesagt, dass es auf doppelte Stärke im Leben hinweist, was Schutz, Ausdauer und außergewöhnliche Willenskraft bedeuten kann.

In anderen Fällen handelt es sich um Unterstützung in der einen oder anderen Form, z. B. von Familie und Freunden. In einigen Fällen kann dies als Unterstützung für einen Seelenverwandten im Leben interpretiert werden und wird oft als Zeichen einer langen, langanhaltenden und erfüllenden Beziehung interpretiert.

Die doppelte Lebensader ist bei Zwillingen, insbesondere bei eineiigen Zwillingen, oft klar. Eine letzte Interpretation, die oft zutrifft, ist, dass es zwei sehr starke Karrieren im Leben zeigen kann. Das doppelte Rettungsanker findet sich ausnahmslos bei Menschen mit außergewöhnlichen Talenten und außergewöhnlichen persönlichen Qualitäten.

In den meisten Händen beginnen die Lebenslinie und die Hauptlinie normalerweise als eine Einheit und trennen sich schnell unter Jupiters Reittier. Wenn sie den ganzen Weg unter diesem Berg vereint erscheinen, ist das ein Zeichen dafür, dass die Person zu sensibel und abhängig ist. Wo sie sich nicht berühren und von Anfang an getrennt sind, ein hohes Maß an Unabhängigkeit.

Obwohl sie sich normalerweise über dem Daumen und unter dem Jupiterberg erhebt, kann die Lebenslinie gelegentlich direkt vom Jupiterberg aus aufgehen. Dies zeigt starke Führungsqualitäten, die aus dem Rahmen fallen. Wenn man aus diesem Ort herauskommt, ist die Linie viel gerader als normal, und dies zeigt sowohl einen dominanten Willen als auch einen direkten Weg im Leben, einen Weg, der darauf abzielt, andere zu führen.

Dies ist ein gemeinsames Merkmal in den Händen derer, die in der einen oder anderen Form Macht und Einfluss in der Welt erlangen. Die Führung erfolgt in jedem Fall in diesem Sinne, sei es auf der Ebene der Kommunalverwaltung, in der Wirtschaft oder auf den höchsten Rängen.

Es gibt oft kleine Linien, die von der Lebensader ausgehen und Erfolge oder Verbesserungen in den Lebensumständen der Person anzeigen, einschließlich Verbesserungen der Gesundheit.

Die Richtung, in die diese Linien gerichtet sind, zeigt die Art der Verbesserung.

Eine Linie, die sich von der Linie des Lebens erhebt und am Berg Saturn endet, zeigt Erfolg durch Anstrengung und Arbeit.

Eine Linie, die am Jupiterberg endet, zeigt Erfolg durch Führung.

In Apollo zeigt die Linie Erfolg auf dem Gebiet der Künste und zeigt in diesem Fall oft, dass Ruhm für die Person in ihrem gewählten Bereich wahrscheinlich ist.

Eine Linie, die auf Merkur endet, bezieht sich auf Erfolg im Allgemeinen und ist in der Regel ein Hinweis auf den Erfolg in jedem Bereich, den man wählt, und insbesondere durch die Verhandlungskraft.

Wenn man auf den Mond zuläuft, deutet eine Linie auf eine ruhelose Natur hin, die nach ständiger Veränderung strebt, wenn die Linie ausgesprochen ist und tief in den Berg hinein verläuft, nehmen einige dies als Warnung, dass die Person Stimulation durch künstliche Mittel, einschließlich Drogen und Alkohol, suchen könnte.

In Wirklichkeit wird die Länge der Lebensader nicht, vielleicht überraschend für einige, als absoluter Hinweis auf die Länge des Lebens einer Person angesehen. Tatsächlich gilt eine Rettungsleine, die sich weit in die Mitte der Handfläche erstreckt, wie kurz sie auch sein mag, als das beste Zeichen für ein langes Leben.

A, die in der Nähe des Mondbergs bleibt und ihn eng umgibt, wird als Zeichen eines kürzeren Lebens gewertet, unabhängig von der tatsächlichen Länge der Linie. In den meisten Fällen ist eine lange Linie des Lebens, die gut in der Mitte der Handfläche verläuft, bevor sie wieder unter der Mondhalterung oder dem Daumen endet, das Zeichen, das auf eine außergewöhnliche Langlebigkeit hindeutet, während eine kürzere Linie, die in ihrer vollen Ausdehnung nahe am Mond Berg verläuft, eine kürzere Lebensdauer aufweist.

Wenn diese Leine in beiden Händen vorhanden ist, kann die Länge beider Leinen addiert werden, um die Lebenserwartung ihres Besitzers zu bestimmen.

Lang, rot und sehr klar und zeigen ein langes Leben voller Befriedigungen, das in einem glückseligen, gelassenen und von Zuneigung umgebenen Alter gipfeln wird.

In Form einer Kette gibt es eine empfindliche Gesundheit, ein instabiles Nervensystem, wechselnde Stimmungen und eine ungesunde Sensibilität. Ein klares Spiegelbild von zarter Gesundheit, Melancholie, Unzufriedenheit und intellektueller Berufung.

Sehr fein und typisch für hypersensible, neurotische und labile Menschen. Das Leben an seiner Seite ist sicherlich schwierig.

Schlecht gezeichnet, uneben und leicht zickzackförmig und äußerst empfindlich. Hinzu kommt, dass diese Menschen in der Regel einen wandelbaren und unentschlossenen Charakter haben.

Bei mehreren Unterbrechungen gilt: Je mehr Unterbrechungen es gibt, desto mehr Krankheiten gibt es. Die Lebenserwartung hängt von der Länge der Linie ab.

Wenn dieses Zeichen nur an einer Hand sichtbar ist, bedeutet dies, dass diese Person eine schwere, aber nicht tödliche Krankheit hatte oder haben wird.

Die Headline

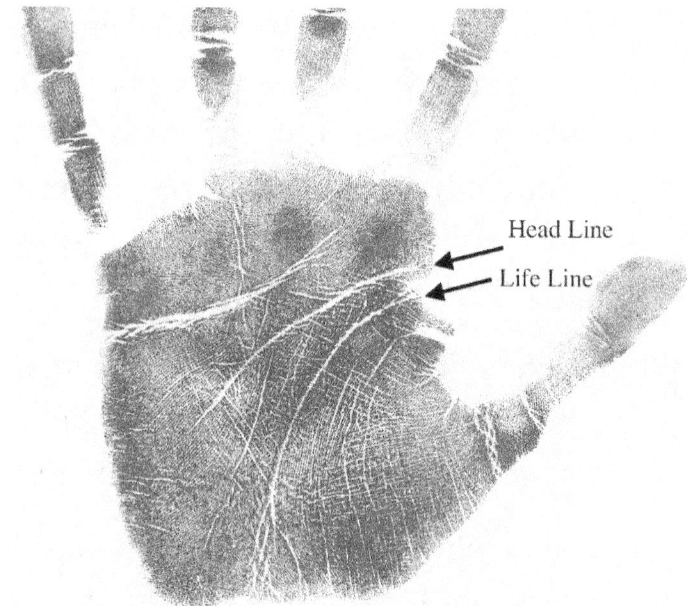

Diese Linie bezieht sich auf die geistigen
Fähigkeiten der Person, aber auch auf ihre
Willenskraft, Unabhängigkeit und ihr
Selbstvertrauen. Normalerweise, wie oben
erwähnt, wirst du als Anton mit der Linie des
Lebens aufsteigen. Dies ist ein reines Indiz dafür,
dass die meisten Menschen in ihren ersten Jahren
an ihre Familie gebunden oder auf Pflegekräfte
angewiesen sind. Je früher die Linien voneinander
getrennt werden, desto besser ist das Zeichen in
Bezug auf die Unabhängigkeit des Willens, des

Geistes und desto größer ist das Gefühl des Selbstvertrauens.

Dort, wo die Hauptlinie allein aufsteigt, insbesondere vom Jupiterberg, zeugt das Zeichen von außergewöhnlichem Selbstvertrauen, Abenteuerlust und einer Liebe zur Aufregung.

Wenn die Linie des Lebens über einen längeren Zeitraum mit der Linie des Lebens verbunden bleibt, soll dies zeigen, dass die Person von Natur aus kein Selbstvertrauen hat oder jemand, der allein nicht gut gedeiht oder keine starken familiären Bindungen hat.

Es kann auch zeigen, dass Familie und zuhause für die Person immer Priorität haben werden und nicht irgendein anderer Lebensbereich.

Die Richtung, in die die Hauptlinie gekrümmt ist, ist ebenfalls von Bedeutung, wenn sie stark ist und direkt durch die Handfläche verläuft, zeigt sie eine vernünftige Person, die starke geistige Fähigkeiten hat. Es zeigt auch eine Person, die praktisch und sachkundig ist und eine starke Wertschätzung für die schönen Dinge des Lebens hat.

Ein fröhliches und offenes Gemüt wird durch eine Kopflinie demonstriert, die direkt durch die Handfläche verläuft und dann auf halbem Weg entlang ihrer Länge nach unten krümmt. Dies zeugt von einer guten Vorstellungskraft und gesundem Menschenverstand und Wertschätzung für die kleinen Dinge im Leben.

Die Hauptlinie, die sich nach oben krümmt, bietet eine mächtige Fähigkeit, Geld zu verdienen, und dies wird betont, wenn die Linie in Richtung des Merkurbergs verläuft oder diesen erreicht.

Auf einigen Handflächen befindet sich eine doppelte Kopflinie, die auf Erfolg im Leben hindeutet. Es kann den Anschein haben, dass die Doppellinie über die gesamte Länge der Hauptlinie oder nur einen Teil davon verläuft.

Wenn die Linien entlang ihres Verlaufs zusammenlaufen, deutet dies darauf hin, dass der Erfolg die Person ihr ganzes Leben lang in jedem einzelnen Bereich begleiten wird, den sie verfolgen möchte.

Früher Erfolg wird durch eine zweite Hauptlinie suggeriert, die zu Beginn in der Nähe der Lebenslinie erscheint, während der Erfolg, der später im Leben eintritt, durch eine doppelte Hauptlinie demonstriert wird, die später entlang der Lebenslinie erscheint.

Gelegentlich erscheint eine doppelte Linie, die ebenfalls verblasst und wiederkehrt, was auf häufige, aber abwechselnde Phasen von Erfolg und Rückschlägen im Leben hinweist.

Der Raum, der zwischen der Linie des Kopfes und der Linie darüber erscheint, beweist die Offenheit der Person oder wenige Perspektiven im Leben.

Wenn der Raum eng ist, sehen sie die Welt an einer schmalen Fassade, rein aus ihrer Sicht und mit dem festen Glauben, dass sie immer Recht haben und andere Unrecht haben.

Je breiter der Raum, desto offener wird die Person für andere Meinungen und Ideen sein.

Sehr gelegentlich verschmelzen die Hauptlinie und die Herzlinie, die im Folgenden beschrieben werden, und bilden eine einzige Linie. Dies ist als Affenlinie bekannt. Es besagt, dass Herz und Verstand eines Menschen miteinander verschmolzen sind.

Diese Linie ist sehr selten, aber sie bedeutet, dass die Person das Leben streng schwarz auf weiß sieht und Schwierigkeiten hat, sich an verschiedene Sichtweisen anzupassen.

Sie sind oft stur und scheinen vom Kopf oder dem Herzen regiert zu werden.

Sie werden oft feststellen, dass es unmöglich ist, mit Stress umzugehen, und können eine kalte, logische Reaktion auf Stress oder eine emotionale Situation oder eine übermäßig emotionale Natur haben, die sie sehr sensibel und oft zurückgezogen macht.

Wenn Sie jedoch die Affenlinie lesen, ist es wichtig, dies in Verbindung mit dem Rest der Hand zu tun.

Tatsächlich kann die Linie eine starke Verbindung zwischen dem Verstand und den Emotionen zeigen, und bei manchen Menschen kann sie eine starke Persönlichkeit zeigen, die durch ihre eigene Selbsterkenntnis über Fähigkeiten der Empathie und des Verständnisses verfügt, die über die Norm hinausgehen.

Klare und gut markierte Kopfzeile

Es zeugt von Willenskraft, Beobachtungsgabe, Mut, körperlicher Energie und prekärer Gesundheit.

Gerade Kopflinie, die die gesamte Handfläche bis zur Handkante durchquert

Eine solche Linie ist Kleinlichkeit und Gier.

Diese Menschen haben eine große Begabung für Präzisionsarbeiten, die präzise und akribische Berechnungen erfordern.

Linie des Kopfes ohne Frakturen, die sich durch die Handfläche bis zum Mond Berg erstreckt, nachdem sie die Ebene des Mars überquert, hat

Diese Menschen haben literarische Fähigkeiten, sind idealistisch und drücken ihre Gefühle durch Poesie aus. Diese Linie kann auch ein Interesse am Studium der okkulten Wissenschaften zeigen.

Kopflinie leicht gekrümmt in Richtung Saturn

Es zeugt von Unehrlichkeit, Heuchelei und Skrupellosigkeit. Diese Menschen haben

Begabungen für Handel und Wirtschaft im Allgemeinen.

Sehr dünne Kopflinie

Er zeugt von überlegener Intelligenz, Neugier und großem Wissensdurst.

Kopfzeile kurz, aber gerade

Wenn es gut markiert ist und eine helle Farbe hat, gehört es einer eifersüchtigen Person, die sich normalerweise von den Leidenschaften der Liebe mitreißen lässt.

Gerade, kettenförmige Kopflinie

Es zeigt große Intelligenz, begleitet von kontinuierlicher Anstrengung und Willenskraft.

Headline von der Linie des Lebens getrennt

Diese Menschen sind stark auf ihre eigenen Ressourcen angewiesen; Darüber hinaus sind sie mutig und rücksichtslos. Wenn die Linie eine bestimmte Strecke zurücklegt, die mit der Linie

des Lebens verbunden ist, wird sie
Schüchternheit, Süße und Sensibilität zeigen.

Kopflinie, die über der Herzlinie endet

Es ist in der Regel ein Spiegelbild idealistischer
Menschen, voller edler und tiefer Gefühle.

Doppelte Kopflinie

Es zeigt unglaubliches Glück, Einnahmen im
Spiel, Erbschaften, gut bezahlte Jobs oder sogar
eine Liebesheirat mit einer reichen Person. Diese
Menschen haben ein außergewöhnlich leichtes
Leben.

Serpentinen-Rettungsleine

Diese Menschen haben in der Regel einen
unmöglichen Charakter, sie sind egoistisch und
jähzornig. Wenn die Leitung nicht übermäßig
gewunden ist, sind diese Defekte milder.

Kopflinie, die zum Berg Apollo führt

Es spiegelt eine Person wider, die mit einem erstaunlichen Instinkt und einer großen Fähigkeit ausgestattet ist, Ereignisse zu verhindern.

Die Herz-Linie

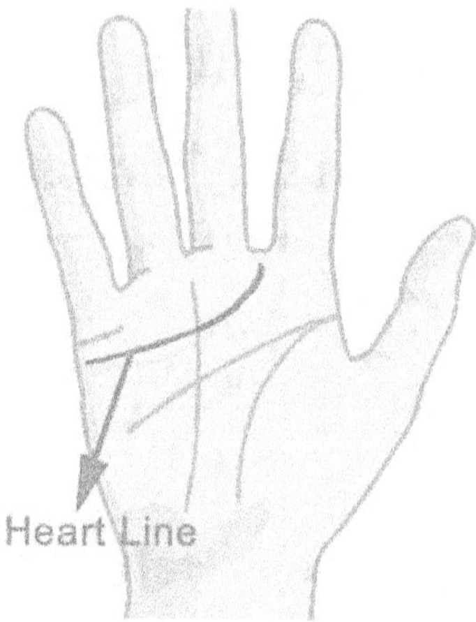

Die Herzlinie verläuft unter dem Berg von Jupiter, Saturn, Apollo und Merkur. Der Standort ist wichtig, wenn Sie die Handfläche lesen. Es bezieht sich auf die emotionale Natur und die Beziehungen der Person.

Es hängt oft besonders mit romantischen Bindungen zusammen, kann aber auch die Qualität der Freundschaften oder Familienbeziehungen der Person zeigen. Dort, wo die Linie vom Jupiterberg aufsteigt, zeigt sie eine Person, die weniger romantische Bindungen im Leben hat und möglicherweise auch weniger enge Freunde hat.

Diese Beziehungen werden jedoch von Dauer sein, und ihre Bindungen werden schwer zu brechen sein. Diese Menschen lieben tief und leidenschaftlich und machen sie zu treuen und liebevollen Eltern, engen Freunden. Diese Eigenschaften werden auf die Spitze getrieben, wenn die Linie von der Basis des Jupiterfingers aufsteigt, und in diesem Fall wird oft gesehen, dass die Person nur eine Beziehung in ihrem Leben haben wird.

Wenn er vom Berg Saturn aufgezogen ist, deutet er auf eine Person hin, die begeisterte Emotionen hat und sich tief auf andere einlässt. Während diejenigen, deren Linie auf dem Berg Jupiter aufgeht, weniger enge persönliche Beziehungen im Leben haben werden, werden diejenigen, deren Herzlinie vom Berg Saturn aufsteigt, einen größeren sozialen Kreis haben und mit größerer Wahrscheinlichkeit mehr als eine bedeutungsvolle Beziehung in ihrem Leben haben. Dort, wo sich die Linie zwischen Jupiter und Saturn erhebt, zeigt sie viel Glück in der Liebe und in Beziehungen, in denen Freundschaft eine entscheidende Rolle spielt. Dies ist ein besonderes Zeichen für eine glückliche Ehe, die sowohl auf Liebe als auch auf Freundschaft basiert.

Je näher die Herzlinie an den äußeren Rand der Handfläche ansteigt, desto ungünstiger sind die Indikationen. Wenn die Linie mit den Linien von Kopf und Leben ansteigt, wird dies weiter als der Fall betrachtet.

Die Hauptlinien, die sich in diesem Bereich erheben, deuten auf eine Persönlichkeit hin, die ständige Aufmerksamkeit erfordert und der es an Selbstvertrauen mangelt. Indem sie sich am Rand der Palme erhebt, wird davon ausgegangen, dass die Linie eine eifersüchtige Natur zeigt, während sie durch das Aufsteigen mit der Linie des Kopfes und des Lebens von einer selbstsüchtigen und vergnügungssüchtigen Person gezeigt wird.

Schwierigkeiten in Beziehungen werden durch die Herzlinien angezeigt, die tiefer in der Hand aufsteigen und nicht an oder näher an den Bergen.

Unterbrechungen in der Linie zeigen zerbrochene Beziehungen oder Enttäuschungen mit Freunden und Partnern. In einigen Fällen gibt es keine Herzlinie, und obwohl dies keine nicht verwandte Person zeigt, ist die Qualität dieser wahrscheinlich oberflächlich und die Person wird nicht in der Lage sein, eine echte Verbindung herzustellen, selbst mit den Menschen, die ihr im Leben am nächsten stehen.

Diejenigen, die keine Herzlinie besitzen, haben oft mehrere romantische Partner im Leben, entweder nacheinander oder oft gleichzeitig.

Es bezieht sich auch auf Herzerkrankungen und Durchblutungsstörungen.

Kurze Herzlinie

Wenn sie keinen der beiden genannten Berge erreicht, zeugt sie von Egoismus, Gefühllosigkeit und Mangel an Menschlichkeit.

Feine und zarte Herzlinie

Diese Menschen drücken ihre Gefühle nie aus und kümmern sich nur um ihr Wohlergehen.

Kettenförmige Herzlinie

Es zeigt Unbeständigkeit in Gefühlen, Liebe und Freundschaft. Normalerweise geben diese Leute gerne an. Es spiegelt auch eine gewisse Veranlagung zu Anämie und Lymphgefäßen wider.

Gerade, unverzweigte Herzlinie

Es zeigt einen absoluten Mangel an Großzügigkeit und Liebe zum Nächsten, zu Tieren und zur Natur.

Sehr blasse Herzlinie

Es zeigt eine große Sinnlichkeit, Leichtigkeit der Gefühle und vielleicht eine gewisse Unsittlichkeit. Für diese Menschen ist das Alter immer eine traurige Zeit, die von Einsamkeit und Reue geprägt ist.

Herzlinie gerade, ohne Frakturen, sehr ausgeprägt und über die gesamte Hand erstreckt

Es ist normalerweise bei grausamen, gewalttätigen, autoritären und anmaßenden

Menschen vorhanden, die ihre Umgebung unglücklich machen. Wenn sich die Herzlinie mit der Hauptlinie oder der Lebenslinie verbindet und ein Kreuz auf dem Jupiterberg bildet, wird diese Person eine komplizierte Ehe führen.

Etwas quälende Herzlinie

Es zeigt Gier und Egoismus.

Fehlende Herzlinie an einer Hand

Es zeigt einen absoluten Mangel an Nächstenliebe sowie ein Verlangen nach Geld und Macht. Wenn es um die Gesundheit geht, sind diese Menschen anfällig für Herzerkrankungen.

Doppelte Herzlinie

Dieses besondere Zeichen ist Großzügigkeit, große Freundlichkeit, Liebe zu allen Geschöpfen und der Kult der Freundschaft.

Linie des Herzens, die den Jupiterberg überquert und zum Handrücken geht

Diese Menschen verwenden normalerweise ihre ganze Energie für nutzlose und ungeordnete Lieben.

Herzlinie, die mit zwei offenen Ästen auf dem Jupiterberg gipfelt

Es zeigt Glück, Glück und Liebe.

Herzlinie, die im Jupiterberg in der Nähe des Indexgelenks gipfelt

Es spiegelt ein elendes Leben voller Ängste und Probleme wider. Trotz dieser beängstigenden Aussicht sind diese Menschen sympathisch, haben ein reiches Gefühlsleben und viele Freunde.

Herzlinie, die zwischen Zeigefinger und Herz endet

Ihre Besitzer haben ein sehr aktives Leben, obwohl das Glück ihnen nicht immer zulächelt.

Sie arbeiten in der Regel bis ins hohe Alter. Wenn ein Zweig auf den Jupiterberg gerichtet ist, hat er Güte, Süße und einen energetischen Charakter.

Herzlinie mit drei Zweigen in Richtung Jupiterberg

Das Glück wird diesen Menschen zulächeln, wenn auch vielleicht verspätet. Sie werden Ehre und Wohlergehen genießen.

Herzlinie, die über den Saturnberg endet, mit Brüchen am Ende

Es spiegelt ein Schicksal wider, das von Zeiten des Glücks unterbrochen wird. Wenn die Brüche reichlich und sehr ausgeprägt sind, wird diese Person viele Lieben haben, aber sie wird nicht glücklich sein.

Herzlinie, die unter dem Berg Apollo unterbrochen wird

Es zeigt politische und gesellschaftliche Desillusionierung.

Herzlinie, die unter dem Merkur unterbrochen wird

Es spiegelt einen lügenden, unsensiblen, berechnenden und geschickten Menschen wider.

Die Linie des Schicksals

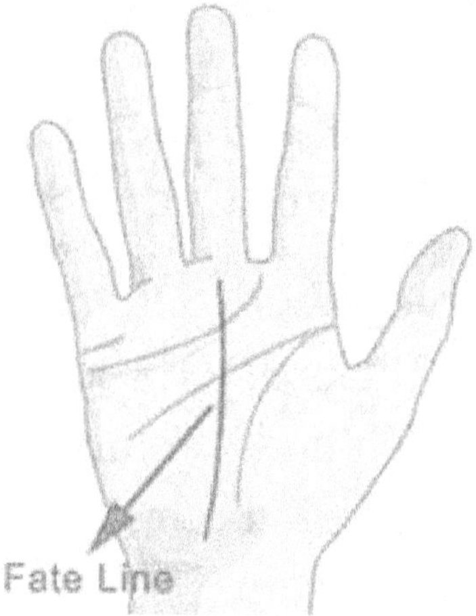

Dies ist eine sehr falsch interpretierte Linie in der Handfläche. Das Schicksal in diesem Sinne wird von den traditionellen Palmisten nicht als das Unvermeidliche im Leben verstanden. Die traditionelle Bedeutung der Linie lässt sich am besten als der Erfolg verstehen, der im Leben zu erwarten ist, und die Schwierigkeiten, denen man begegnen kann.

Äußere Einflüsse gelten in diesem Sinne auch als Schicksal und diese Einflüsse können sowohl vorteilhaft als auch schädlich sein. Die Linie verläuft in den meisten Händen vom Handgelenk direkt zur Handfläche in Richtung Saturn.

Eine Linie des Schicksals, die ununterbrochen und sehr klar verläuft, deutet auf ein Leben hin, in dem der Weg einfach und gerade ist und in dem der Mensch im Laufe des Lebens keine großen Schwierigkeiten oder Hindernisse erfährt.

Während die Linie in Richtung des Saturnbergs verlaufen sollte, sollte sie normalerweise irgendwo enden, bevor dieser tatsächlich erreicht wird.

Wenn er auf den Berg oder den Finger zuläuft, ist das Zeichen weniger positiv und zeigt, dass die Person ständig danach strebt, das Unmögliche zu erreichen, um Ziele zu erreichen, die außerhalb ihrer Reichweite liegen.

Der Erfolg, der durch harte Arbeit und Anstrengung erzielt wurde, zeigt sich in einer Schicksalslinie, die mehr auf den Berg des Jupiters als auf den des Saturn hinweist. Die Linien, die vom Mond Berg in die Schicksalslinie einmünden, zeigen den Einfluss anderer auf die Person.

Je lauter und klarer diese Linien erscheinen, desto größer ist der Effekt. Sie zeigen in der Regel eine Veränderung, die durch eine andere hervorgerufen wird, und es wird normalerweise gesagt, dass sie positive Veränderungen für die Person zeigen, auf deren Handfläche sie erscheinen.

Wenn die Schicksalslinie an der Linie des Herzens endet, sagt man, dass die Person im Leben aus Liebe oder Verpflichtung gegenüber Verwandten Opfer bringen muss. Dies kann bedeuten, dass sie andere vor sich selbst stellen müssen und möglicherweise nie ihr volles Potenzial ausschöpfen.

Brüche in der Ziellinie zeigen veränderte Umstände und stehen oft im Zusammenhang mit Bewegungen im geografischen Sinne. Sie können auch neue Berufe oder Bewegungen aufzeigen, die vom Beruf der Person angetrieben werden.

In einigen Fällen steigt die Linie des Schicksals in der Handfläche viel höher an, sogar bis zur Kopf- oder Herzlinie. In diesen Fällen zeigt es später im Leben Erfolg und wird normalerweise so verstanden, dass der frühe Teil des Lebens der Person von Kampf, Not und Enttäuschung geprägt sein wird.

In einigen Fällen ist keine Ziellinie zu sehen oder die Linie scheint schwach zu sein. Traditionell wird gesagt, dass dies ein Leben zeigt, das sehr ruhig sein wird, in dem sich die Umstände wenig ändern, aber auch wenig Hindernisse, mit denen man umgehen muss.

Wenn er lang und klar ist und beim Erreichen des Saturnbergs zwei Verzweigungen aufweist, wird er auf allen Gebieten erfolgreich sein.

Wenn es an der Basis des Mittelfingers endet, bedeutet dies Reichtum aufgrund einer Erbschaft oder eines Glücksspiels. Was die Liebe betrifft, so zeigt sie in jeder Hinsicht eine glückliche Ehe.

Wenn Sie in der Lebenslinie Yoanis geboren werden, wird eine positive Veränderung im Leben dieser Person zur richtigen Zeit stattfinden. Diese Veränderung wird Ihnen finanzielles Wohlergehen und viele Befriedigungen bescheren.

Wenn Sie in der Gegend des Mars geboren werden, wird die günstige Veränderung ungefähr im Alter von zwanzig Jahren eintreten.

Wenn Sie auf dem Mond Berg geboren werden, zeigt sich eine besonders günstige Veränderung, eine Hochzeit mit einer geliebten und wichtigen Person.

Wenn Sie in der Headline geboren werden, wird die günstige Veränderung mit etwa dreißig Jahren eintreten und finanzielle und berufliche Auswirkungen haben.

Wenn Sie in der Linie des Herzens geboren werden, wird die günstige Veränderung ungefähr im Alter von vierzig Jahren eintreten, aber dafür muss diese Linie klar und rosa sein und darf keine Unterbrechungen aufweisen.

Wenn es im Armband geboren wird und jenseits der zweiten Phalanx des Mittelfingers endet, werden viele Rückschläge, Misserfolge und Enttäuschungen installiert.

Wenn die Verästelungen durch die Finger aufsteigen und klar ist, dass echte Glücksfälle auftreten können, so viele, wie es Verzweigungen gibt).

Wenn die Auswirkungen in Richtung Handgelenk absteigen, zeigt dies, dass finanzielle Schwierigkeiten auftreten werden.

Wird sie an mehreren Stellen unterbrochen, zeigt jeder Bruch eine unangenehme Episode im wirtschaftlichen Bereich.

Wenn es auf der Höhe der Linie des Kopfes unterbrochen wird, signalisiert es, dass dem Schicksal ungefähr nach dreißig Jahren widersprochen wird.

Wenn sie auf der Höhe der Herzlinie unterbrochen wird, spiegelt sie Glück, Freude, glückliche Ehe, gesunde Kinder und viele große Befriedigungen wider.

Wenn es horizontale Linien gibt, die es berühren, ohne es zu kreuzen, gibt es eine beneidende Person für seine Qualitäten, sein Geld oder andere Gründe. Die Verschwörungen, die um sie herum ausgebrütet werden, haben keinen Erfolg und berühren sie nicht einmal.

 Wenn bei seiner Geburt nur kleine Spuren, Linien, Punkte, Äste erscheinen, er aber sofort eine gerade und klare Linie zum Berg Saturn zieht, wird er anfängliche Schwierigkeiten bei der Arbeit oder in der Ehe haben, die aber durch freudige Ereignisse überwunden werden.

Heiratslinie

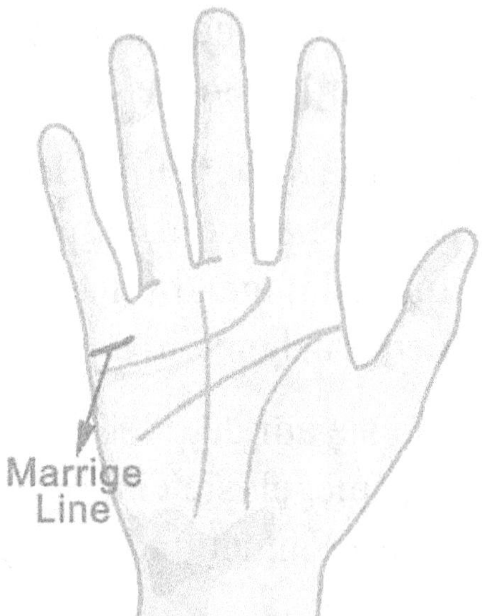

Diese Linie, oder Linien, da es oft mehr als eine gibt, befindet sich unter dem kleinen Finger, normalerweise nur auf dem Merkur und verläuft bis zur Handflächenseite der Hand.

Im Vergleich zu den anderen Hauptlinien, die oben untersucht wurden, sind die Heiratslinien viel kürzer. Die Linien beziehen sich auf die bedeutungsvollen Beziehungen, die die Person erleben wird, und diese Linien beziehen sich speziell auf Bindungen romantischer Natur.

Kurze Beziehungen sind normalerweise nicht zwischen diesen Linien zu finden und beziehen sich normalerweise auf längere Beziehungen, in

denen das Paar normalerweise zusammenlebt,
obwohl dies möglicherweise nicht bei allen
Menschen der Fall ist.

Die relative Länge der Linie ist ungefähr
vergleichbar mit der Länge der Beziehung und der
Platzierung der Linie zwischen der Herzlinie, und
die Basis des kleinen Fingers zeigt die
Lebensphase an, in der die Beziehung beginnen
wird.

Da es sich naturgemäß um sehr kurze Leinen
handelt, kann die Länge dem Palmisten Probleme
bereiten. Eine gute Richtlinie ist, dass eine Linie,
die vom Merkur um die Seite der Hand herum zur
anderen Seite verläuft, fast bis zum Knöchel, auf
eine langfristige Beziehung hinweist.

Dies ist ungefähr die maximale Länge, bis zu der
sich die Ehelinien erstrecken werden, die Hälfte
dieser Distanz werden kürzere Beziehungen sein,
obwohl diese immer noch von erheblicher Länge
sein werden, während noch kürzere Linien
Beziehungen zeigen, die nur Jahre dauern können.

Die Tiefe und Klarheit der Linien, unabhängig
von ihrer Länge, zeigt sowohl die Stärke der

Beziehung als auch die Bedeutung, die die Person ihr beimisst.

Eine kurze, aber tiefe und klare Linie kann daher auf eine sehr tiefe und leidenschaftliche Beziehung hinweisen, die unterbrochen wird, aber für die betroffene Person immer noch von Bedeutung ist.

Aus dem gleichen Grund kann eine lange, aber oberflächliche und schwache Ehe Linie auf eine Beziehung hindeuten, die viele Jahre andauert und unglücklich und unbefriedigend ist, in der Regel für beide Ehepartner.

Eine Heiratslinie, die sehr nahe an der Herzlinie liegt, deutet auf eine Beziehung hin, die früh im Leben beginnt, normalerweise in der Pubertät der Person.

Eine Linie, die auf halbem Weg zwischen der Herzlinie und der Basis des kleinen Fingers erscheint, zeigt eine Beziehung, die irgendwo zwischen dem Alter von (ungefähr) zwanzig und dreißig Jahren auftritt.

Die Linien, die weiter oben auf dem Merkur beginnen und näher am kleinen Finger liegen, definieren Beziehungen, die in den dreißiger oder vierziger Jahren beginnen.

Wenn Sie die Handflächen ablesen, können diese Altersgruppen am besten als Richtwert betrachtet werden und in einigen Fällen kann Ihre Intuition genutzt werden.

Auch der Winkel der Ehelinien wird beim Lesen der Handfläche berücksichtigt.

Eine nach unten gekrümmter Linie

Es zeigt, dass die Person den Partner überleben wird, mit dem diese Linie verwandt ist.

Wenn sich der Finger nach oben krümmt, in Richtung des Fingers von Merkur

Es zeigt, dass die Person in jungen Jahren nicht heiraten oder eine sinnvolle Beziehung eingehen wird.

Wenn die Linie an einer Gabelung endet, bedeutet dies, dass die Beziehung mit einer Trennung oder Scheidung endet.

Ehelinien, die zerbrochen sind, werden als eine Beziehung bezeichnet, die durch die Untreue einer oder beider Personen in der Beziehung beeinträchtigt wird.

Wenn die Linie danach schwächer wird und an einer Gabelung endet, ist dies wahrscheinlich die Ursache für die endgültige Trennung oder Scheidung. Je länger und schwächer der zweite Teil der Linie, desto wahrscheinlicher ist es, dass das Ende der Beziehung schwierig und bitter sein wird.

In einigen Fällen kommt die Linie nach der Trennung viel stärker und tiefer zurück, und dies ist ein Zeichen dafür, dass das Paar stark genug sein wird, um seine Probleme zu lösen und eine bessere Beziehung aufzubauen, nachdem erhebliche Probleme überwunden wurden.

Sehr dünne Linien, die senkrecht aus den Ehelinien aufsteigen, zeigen die Anzahl der Kinder an, die die Person haben wird.

Diese Linien können sehr schwach sein und sind am besten zu erkennen, wenn Sie Ihre Finger leicht beugen. Eine Lupe hilft in diesem Fall.

Stärkere Linien zeigen potenziellen Erfolg für das betreffende Kind oder möglicherweise ein Kind, das für die Eltern in seinem Leben wichtiger sein wird. Diese Linien können sich ändern und deuten eher auf eine mögliche Zahl als auf eine genaue Zahl hin. Sie sind die Anzahl der Kinder, die eine Person am wahrscheinlichsten haben wird.

Linien, die aus Heiratslinien hervorgehen, sind Kinder und erscheinen am häufigsten an den Händen von Frauen, daher kann dieser sekundäre Indikator nützlich sein, wenn man die Handfläche eines Mannes liest.

Wenn es in Ihrer Ehe Linie keine Linien gibt, die Kinder sind, aber das erste der Armbänder gerade und klar ist, ist das Zeichen dafür, dass Sie irgendwann im Leben Vater sein werden.

Kleinere Linien und Markierungen

Die Form der Hand, der Finger, der Passepartouts und der Hauptlinien liefern genügend Informationen, um eine vollständige Ablesung für jedes Thema zu ermöglichen. Es gibt jedoch eine Reihe kleinerer Linien und zahlreiche

Markierungen, die auf der Handfläche erscheinen können.

Diese Linien und Markierungen erscheinen nicht an jeder Hand, aber wenn sie es tun, bieten sie einen tieferen Einblick in die Natur und die Ereignisse, die die Person wahrscheinlich erleben wird.

Einige dieser Linien haben bestimmte Positionen in der Hand, andere nicht.

Im Allgemeinen können die Markierungen überall auf der Handfläche erscheinen und ihre Bedeutung bezieht sich auf ihre Position auf der Hand selbst. Obwohl sie als geringfügig beschrieben werden, sollten diese Linien und Markierungen beim Lesen einer Handfläche nicht übersehen werden, da sie oft wichtige Hinweise auf wichtige Ereignisse im Leben enthalten und eine tiefere Lektüre ermöglichen können.

Der Gürtel der Venus

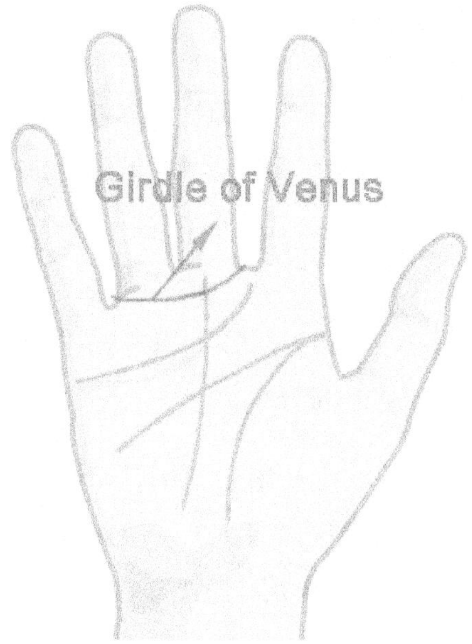

Diese Linie erscheint über der Herzlinie und wird manchmal als zweite Herzlinie bezeichnet. Es hat die Form eines Halbkreises, der zwischen den Fingern von Jupiter und Saturn aufsteigt und zwischen Apollo und Merkur endet.

Es gibt einige Debatten über die tatsächliche Bedeutung dieser Zeile, aber die traditionelle Ansicht ist, dass sie eine nervöse und sensible Natur zeigt. Wenn der Gürtel gebrochen ist, spricht man von einer geringeren Intensität.

Einige Quellen sind jedoch der Ansicht, dass der Gürtel der Venus und die Herzlinie eine doppelt

liebevolle, liebevolle und sensible Natur
verleihen.

Dies ist der häufigste Fall, wenn beide klar und
stark sind, aber wenn ein und stärker ist als das
andere, ist die Implikation normalerweise, dass
die Person emotionale Probleme hat und
Schwierigkeiten hat, dauerhafte Beziehungen
aufzubauen.

Wenn die Linie zur Seite der Hand verläuft,
anstatt zwischen Apollo und Merkur zu enden,
denken viele Palmisten, dass die Person sehr
emotional und beeinflussbar ist. Dies kann zu
Instabilität in Ihren persönlichen Beziehungen
führen, unabhängig von der Art dieser
Beziehungen. Moderne Palmisten argumentieren
oft, dass die unhaltbare Sensibilität dieser
Menschen ihnen hilft, das Leben auf eine
liebevollere Weise zu erleben.

Die Marslinie

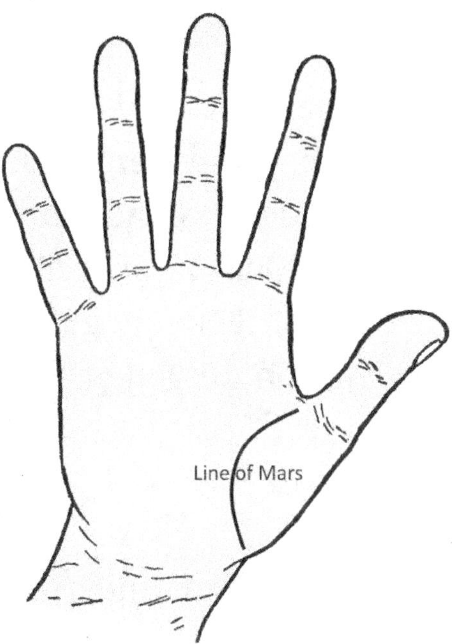

Dies ist eine Linie, die vom Marsberg über den Daumen verläuft und den Venusberg umgibt. Es wird oft als zweiter oder doppelter Rettungsanker angesehen und zeigt Stärke, Mut und Entschlossenheit.

Es kann als zusätzlicher Schutz im Leben interpretiert werden, als die Fähigkeit, Hindernisse durch eine hartnäckige Entschlossenheit zu überwinden, oder einfach, dass die Person im Leben mit vielen Kämpfen konfrontiert sein wird, für die sie viel innere

Stärke braucht oder zu nutzen lernt. Insgesamt wird dies als eine sehr positive Linie angesehen.

Wenn die Linie die Linie des Lebens überquert oder zum Mond Berg verläuft, glauben viele, dass dies ein scharfes und feuriges Temperament hervorruft, das zwar nicht leicht zu entzünden ist, aber zu heftigen und gefährlichen Ausbrüchen führen kann. Im Allgemeinen bedeutet diese Linie Stärke.

Die Gesundheitslinie (oder Leberlinie)

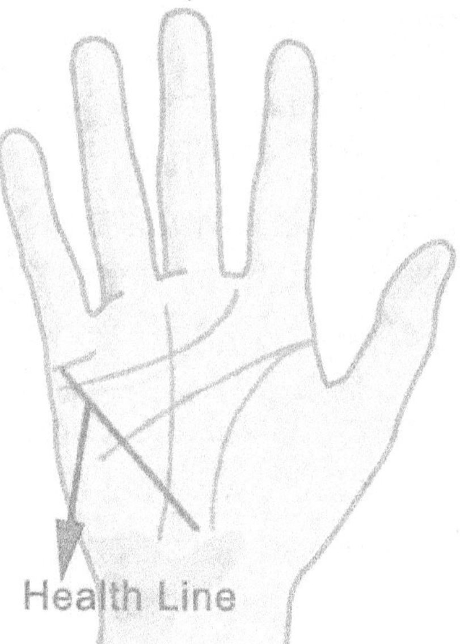

Dies ist eine Linie, die normalerweise durch die Hand verläuft, und je gerader und klarer sie ist, desto besseres Omen ist sie. Er kann jedoch vom Marsberg unter dem Merkur oder vom Jupiterberg aus verlaufen.

Normalerweise sieht es gerade aus, aber in diesen Fällen verläuft es schräg durch die Handfläche. Trotz des Namens der Linie zeigt ihr Erscheinen auf der Handfläche keine gute Gesundheit, sondern ist eine Warnung, dass Gesundheitsprobleme die Person in irgendeiner Weise beeinträchtigen werden.

Je höher die Linie auf der Handfläche liegt, desto früher im Leben treten diese gesundheitlichen Probleme auf.

Wenn die Leine tiefer in der Hand angehoben wird, wird angenommen, dass etwa die Hälfte der Handfläche im Erwachsenenalter gesundheitliche Probleme aufweist, normalerweise im mittleren Alter.

Weiter unten wird die Handfläche mit gesundheitlichen Problemen im späteren Leben in Verbindung gebracht.

Wenn die Gesundheitslinie durchbrochen wird, zeigt dies eine Reihe von Krankheiten, die die Lebensqualität der Person beeinträchtigen, obwohl viele dies als Warnung betrachten, dass der Gesundheit im Allgemeinen mehr als normal Aufmerksamkeit geschenkt werden sollte.

Eine gewellte Gesundheitslinie zeigt einen empfindlichen Gesundheitszustand während des gesamten Lebens an, obwohl dies einfach bedeuten kann, dass die Person anfällig für Krankheiten ist und dass darauf geachtet werden sollte, gesund zu bleiben.

Eine Gesundheitslinie, die die Lebenslinie kreuzt, weist auf eine schwere Krankheit oder Krankheit hin, die sich auf die Lebensqualität der Person auswirken wird.

Wenn es sehr klar ist,

Es zeigt, dass ihre Besitzer dazu bestimmt sind, ein langes, gesundes und zufriedenes Leben zu genießen.

Wenn du in der Linie des Lebens geboren bist

Weist auf Herz-Kreislauf-Probleme hin. Aufgrund ihrer geringen körperlichen Ausdauer werden diese Menschen nicht in der Lage sein, Sport zu treiben.

Wenn er auf dem Mond Berg geboren wird **und das Marsberg überquert, bis er den des Merkur erreicht**

Es zeigt einen großzügigen, aber kapriziösen Charakter. Der Erfolg wird auf die Leichtigkeit der Sprache zurückzuführen sein.

Wenn es gewunden ist

Es zeigt Jähzorn, Gallenprobleme und nervösen Charakter, kleine Probleme, die nicht schwerwiegend sein werden.

Wenn es auf dem Mond Berg geboren wird, erreicht es den des Merkur und zeichnet einen Halbkreis

Es spiegelt ein großes Interesse an den okkulten Wissenschaften wider.

Bei Unterbrechung

Es zeigt Verdauungsprobleme, die eine gewisse
Reizbarkeit verursachen. Aufgrund ihres
Gesundheitszustandes wird der Charakter dieser
Menschen für die Menschen um sie herum
anstrengend sein.

Wenn es durch horizontale Linien unterteilt, ist

Es zeigt die Möglichkeit ernster Krankheiten.

Die Erfolgslinie

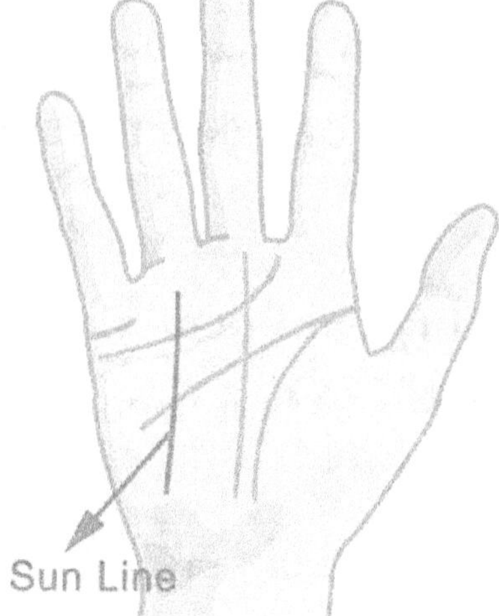

Diese Linie erhebt sich überall in der Hand, endet
aber immer am Berg Apollo, weshalb sie auch als

Sonnenlinie bekannt ist. Es bezieht sich auf Erfolg.

Moderne Interpretationen betrachten es wörtlich, um Freude in das Leben der Person zu bringen, während traditionelle Palmisten es einfach als großen Erfolg im Leben definieren. Im Allgemeinen zeigt der Punkt, an dem die Linie ansteigt, an, auf welchen Bereich des Lebenserfolgs sich beziehen wird.

Wenn es sich in die Nähe der Linie der Wahrheit erhebt, wird gesagt, dass es Erfolg und finanzielle Erfolge suggeriert.

Von der Herzlinie aus kann es sich auf erfolgreiche Beziehungen beziehen, aber es wird oft gesagt, dass es ein glückliches Familienleben und ein reiches Familienleben bedeutet.

Wenn man vom Mond Berg aus auftaucht, spielt die Vorstellungskraft wahrscheinlich eine wichtige Rolle für den erzielten Erfolg, und dies hängt normalerweise mit dem Erfolg in jedem künstlerischen Bereich zusammen, aber wahrscheinlich auch beim Schreiben.

Die Linie, die sich von unten in der Hand erhebt, zeigt schon früh im Leben Erfolg, steigt näher an den Berg Apollo/die Sonne heran, steht für Erfolge, die später im Leben und höchstwahrscheinlich als Ergebnis vieler Jahre harter Arbeit erzielt wurden.

Wenn es tief gezeichnet ist

Es zeigt noch mehr Reichtum, Ruhm, Ehre und Ruhm.

Wenn man sie am Ende in drei Zweige aufteilt,

Es zeigt die gleiche Bedeutung wie oben.

Wenn es auf dem Venusberg endet, mit zahlreichen feineren Linien

Es sind Misserfolge, Geldverluste, gescheiterte Affären und Verrat an Partnern, Mitarbeitern oder Rivalen.

geboren im Marsgebiet

Es zeigt, dass sich der berufliche Erfolg im Alter von zwanzig Jahren einstellen wird.

Wenn du auf dem Berg des Mondes geboren bist

Es zeigt, dass sein Besitzer großes Talent hat und
von einflussreichen Leuten beschützt wird, die
ihm helfen werden, die höchsten Gipfel des
Ruhms zu erreichen.

Geboren in der Linie des Kopfes

Diese Menschen werden mühelos eine gute
Position erreichen, wenn sie fast 30 Jahre alt sind.

geboren in der Herzlinie

Der Erfolg wird sicher sein, aber er wird erst in
vierzig Jahren oder noch später kommen.

geboren auf dem Marsberg

Die außergewöhnliche Willenskraft dieser
Menschen wird im reifen Alter belohnt.

Wenn es von zahlreichen horizontalen Linien gekreuzt wird

Es zeigt, dass der Erfolg die Überwindung vieler
Hindernisse erfordert, die oft komplex sind.

Fehlen der Erfolgslinie

Es zeigt, dass es sinnlos sein wird, zu warten oder zu verzweifeln, weil der Erfolg nie kommen wird.

Die Linie der Intuition (Merkur-Linie)

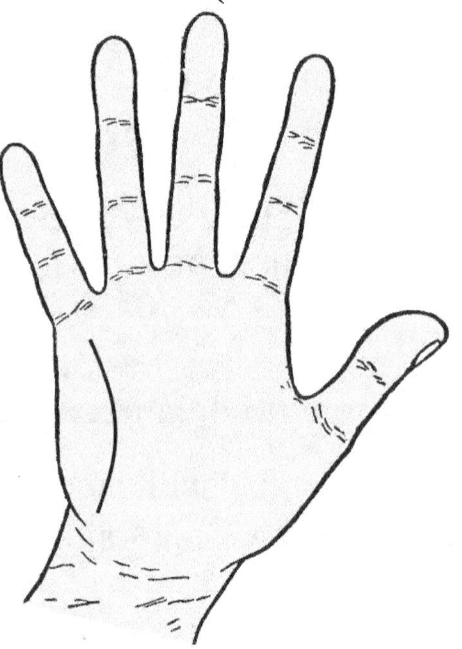

Diese Linie erhebt sich vom Merkur und krümmt sich halbkreisförmig in Richtung des Mondes. Sein Name gibt einen guten Hinweis auf die Qualitäten, die er findet.

Diejenigen mit dieser Linie haben eine tiefe Verbindung zu ihrem eigenen inneren Selbst und scheinen einen sechsten psychischen Sinn zu haben. Sicherlich haben sie starke Einsichten und intuitive Qualitäten, die sie von anderen Menschen unterscheiden.

In der Regel sind diejenigen mit dieser Linie zur perfekten Zeit am richtigen Ort.

Sie werden im Laufe ihres Lebens viele Visionsblitze oder Vorahnungen erleben und verfügen über ausgezeichnete Empathie Fähigkeiten, die in der Lage sind, sofort zu beurteilen, wenn andere in Gefahr sind, und oft die Ursache eines Problems verstehen.

Wenn es gerade ist, ist es gut markiert und hat keine Brüche

Es symbolisiert Menschen, die mit großer Intuition und Sensibilität ausgestattet sind. Sie haben auch übersinnliche Kräfte, so dass sie den Höhepunkt eines Ereignisses, traurig oder glückselig, spüren können, auch ohne es zu merken.

Wenn es von mehreren horizontalen und vertikalen Linien gekreuzt wird

Das Schicksal dieser Menschen wird von Reisen geprägt sein, die ihnen große Befriedigung verschaffen und es ihnen ermöglichen werden, so viele Informationen zu sammeln, dass sie das Bedürfnis verspüren werden, zu schreiben.

Wenn eine Art von Insel unterbrochen wird, wird sie in der Mondmontierung

Es zeigt, dass es sich um Menschen handelt, die mit wahrhaft erstaunlichen psychischen Kräften ausgestattet sind.

 Dieses Zeichen ist auf der Handfläche aller Medien vorhanden.

Viele, aber nicht alle, werden diese Linie bis zu einem gewissen Grad haben. Wo es länger, tiefer und klarer ist, ist der Hinweis darauf, dass die Person diese Kräfte in großen Mengen hat.

Hinzugefügte Zeilen

Liebeslinie

Es beginnt an der Basis des Zeigefingers, berührt die Linie der Vernunft und den Merkur und endet in der Mitte der Handfläche.

Wenn es einen Groove zeigt: Die Verbindung wird berühmt und glücklich sein.

Wölbt es sich in Richtung des interdigitalen Punktes kleiner Ring: Hochzeit garantiert, weicht es jedoch zur Mitte der Hand ab, Zeigt an-Enttäuschungen in der Liebe.

Wenn es sich an einem seiner Enden gabelt: fatale Vereinigung.

Wenn es durch eine vertikale Linie geschnitten wird: Schwierigkeiten und Hindernisse.

Wenn die Linie doppelt ist: Täuschungen in der Liebe.

Wenn es von der Handkante ausgeht und den Berg des Apollon erreicht: glückliche Vereinigung.

Kinder-Linie

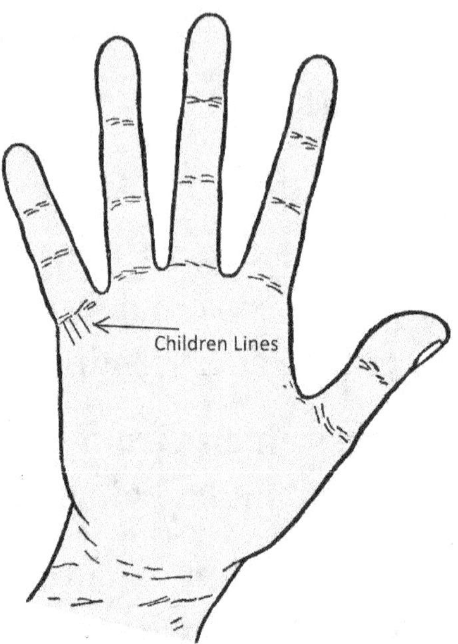

Es handelt sich um kurze Linien, die vertikal am Rand der Hand umrissen sind, in der Nähe des Merkurbergs, genauer gesagt unter dem kleinen Finger.

Jede Zeile: ist ein Sohn, die längsten bedeuten Männchen.

Sehr gerade Linien: verkäufliche Kinder.

Krumme Linien: kränkliche Kinder.

Linie der Ekel

Es beginnt auf dem Venusberg, durchquert die Linie des Lebens und endet in der Mitte Ihrer Handfläche.

Wenn es kurz ist: Ekel, der durch die Willenskraft dieser Person überwunden wird.

Reiselinie

Diese können durch die Überquerung des Mondbergs gefunden werden. Die Linien, die sich aus dem Handgelenk erheben und den Berg vertikal überqueren, zeigen längere Reisen und Reisen, die im Leben der Person eine große Bedeutung haben werden.

Die kürzesten Fahrten überqueren den Berg horizontal, und jede horizontale oder vertikale Reiselinie, die die Ziellinie berührt, zeigt eine Reise, die einen besonderen Einfluss auf die Person haben wird. Die Auswirkungen werden dauerhaft sein und können eine Reise zeigen, die Veränderungen mit sich bringt, die einen tiefgreifenden Einfluss auf die Richtung des Lebens dieser Person haben.

Jede Travel Line, die mit einem Kreuz endet, deutet auf Enttäuschung über diese Reise hin, auch wenn die Enttäuschung geringfügig sein kann.

Armbänder oder Armbänder

Armbänder umschließen das Handgelenk und es gibt normalerweise drei davon.

Von der Handfläche aus sind sie Gesundheit, Reichtum und Glück, und die Klarheit jedes einzelnen gibt ein allgemeines Zeichen für die Natur jedes dieser Aspekte im Leben einer Person.

Es ist allgemein anerkannt, dass diese einen Überblick über die drei Elemente im Laufe des Lebens geben, obwohl sich Armbänder im Laufe des Lebens subtil verändern können.

Brüche oder Ketten in den Armbändern bedeuten, dass im Leben in Bezug auf den jeweiligen Bereich auf Hindernisse gestoßen wird.

Je klarer die Linie, oder je mehr sie durch Ketten unterbrochen oder fragmentiert ist, desto mehr Probleme und Hindernisse werden angezeigt.

Manche Menschen haben vier Armbänder, dies wird traditionell als Zeichen der Langlebigkeit interpretiert.

Wenn sich das erste der Armbänder, das sich auf die Gesundheit bezieht, nach oben in Richtung der Handfläche krümmt und einen Bogen bildet, wird gesagt, dass die Linie zeigt, dass die Person kein Vater wird.

Milchstraße (oder lasziver Weg)

 Es handelt sich nicht um eine Linie selbst, sondern um eine Reihe von Linien, die parallel zum Mond Berg verlaufen. Es spiegelt die Sensibilität für Mystik und übersinnliche Kräfte wider.

Wenn es gerade, vertikal und gut gezeichnet ist, symbolisiert es die Anwesenheit okkulter Kräfte. Wenn es schief ist, ist es ein Symbol sexueller Verdorbenheit.

Die Ringe

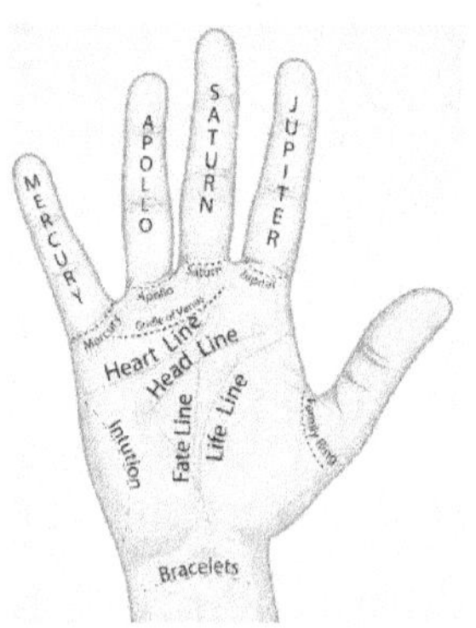

Dabei handelt es sich um Halbkreise, die sich an der Basis der Finger befinden. Insgesamt sind es fünf: der Ring von Venus, Jupiter, Salomon, Saturn und Apollo. Diese sind nicht in allen Händen vorhanden.

Diese vier Ringe erscheinen an der Basis der Finger und nehmen die Form eines Halbkreises auf den Reittieren unter dem entsprechenden Finger an.

Sie sind nicht zu verwechseln mit den Falten, die sich an der Basis des Fingers bilden und den unteren Rand der dritten Phalanx markieren. Die Ringe sind meist selten und werden nicht oft in einer Handfläche zu finden sein, in einigen Fällen verbessern sie die Qualitäten der Reittiere, aber in anderen sind sie negativ konnotiert, da sie Hindernisse oder Blocker in Bezug auf das von den Reittieren abgedeckte Gebiet zeigen.

Salomos Ring

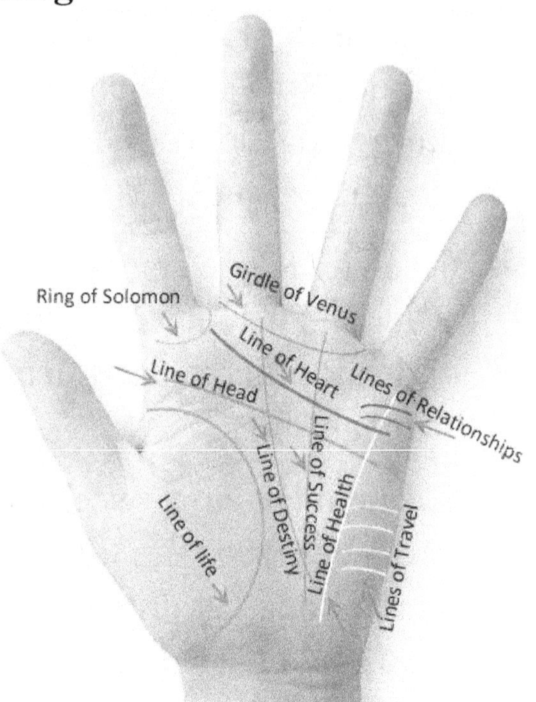

Dieser Ring, der auf dem Jupiterberg gefunden wurde, soll die Führungsqualitäten der betreffenden Person verbessern.

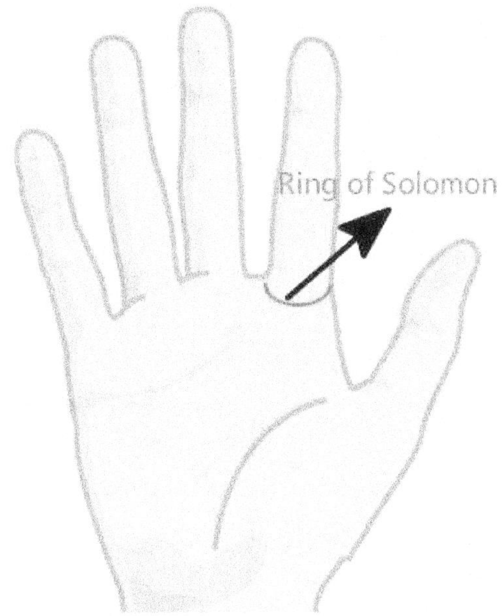

Im Allgemeinen haben diese Menschen nicht nur außergewöhnliche Führungsqualitäten, sondern sie haben auch einen offenen Geist, ein tolerantes Wesen und sind sehr philosophisch.

Sie sind natürliche Führer, deren Autorität von denen, die sie führen, selten in Frage gestellt wird. Im Gegensatz zu den anderen Ringen wird der Ring Salomos als rein positiver Einfluss auf die Person angesehen.

Der Ring des Saturn

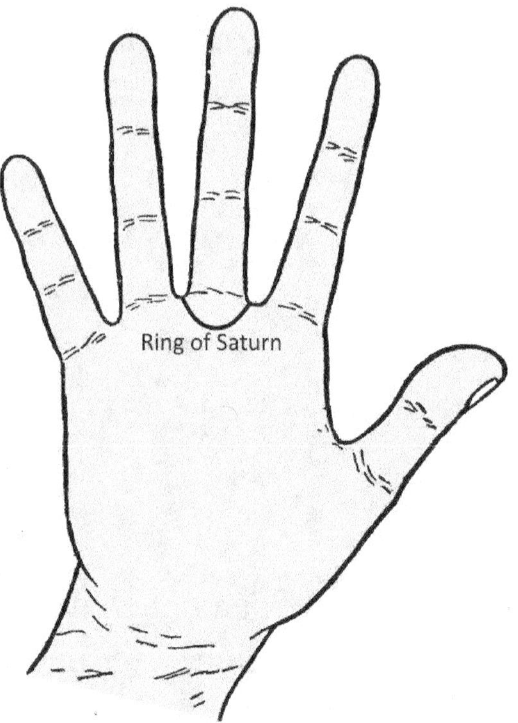

Dies ist nicht oft anzutreffen und kein positives Zeichen. Es hat die Form eines Halbkreises auf dem Berg Saturn und zeigt die Natur von jemandem, der im Leben mit vielen Kämpfen konfrontiert sein wird. Die Art dieser Kämpfe mag unterschiedlich sein, aber sie werden in der Regel dadurch verursacht, dass die Person Verantwortung übernimmt, die größer ist, als sie normalerweise tragen kann.

In einigen Fällen können diese Verantwortlichkeiten von anderen auferlegt werden oder durch mangelndes Verständnis der eigenen Fähigkeiten ausgelöst werden.

Je näher diese Linie an der Basis des Fingers erscheint, desto mehr wird die Person mit Dingen kämpfen, die über ihre Fähigkeiten hinausgehen, und in einem Leben voller Schwierigkeiten gefangen sein.

Es gibt auch ein Element der Gefangenschaft in der Erscheinung dieser Linie. Es wurde auch als Gefängnis verstanden und es wurde angenommen, dass es häufig in den Händen von Sträflingen zu finden war.

Ring des Apollo

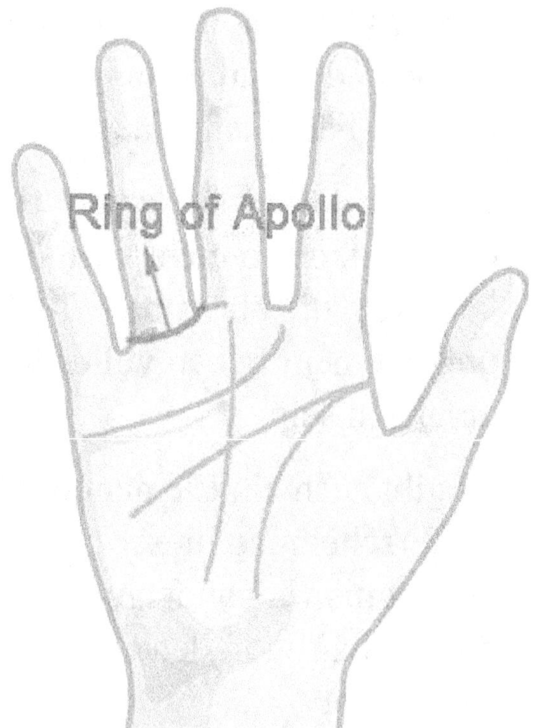

Dieser Ring wird negativ bewertet und soll Apollos geistige und kreative Fähigkeiten blockieren. Es kommt und geht normalerweise zu unterschiedlichen Zeiten im Leben. Wenn die Reittiere und der Finger von Apollo Talent im Bereich der Kunst, Literatur oder Wissenschaft zeigen, aber dieser Ring vorhanden ist, deutet dies wahrscheinlich darauf hin, dass sich die Person derzeit blockiert fühlt.

Wenn die Halterung und der Finger einen Mangel an diesen Qualitäten zeigen, ist es möglich, dass die Person durch eine bewusste Bemühung, sich mit Lern- und kreativen Aktivitäten zu beschäftigen, diese Seite ihres Lebens entwickeln kann, wenn sie dies wünscht.

Ring der Venus

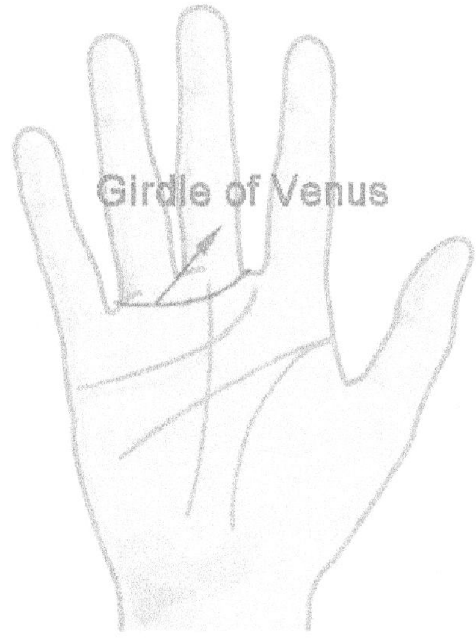

Er beginnt zwischen dem kleinen Finger und dem Ringfinger und endet zwischen Mittelfinger und Zeigefinger. Es zeigt Sinnlichkeit und Liebe zu den okkulten Wissenschaften und der Mystik.

Ganz, in einer kleinen Hand, deren Finger nicht gezeigt sind, Interesse an den okkulten Wissenschaften.

Unterbrochen oder unvollständig durch den zentralen Teil, eine akute sexuelle Aktivität. Wenn die Hand weich und feucht ist und die Finger zeigen, zeigt sie Verdorbenheit.

Mit einem Stern in der Mitte, Gewalt und übertriebener Eifersucht.

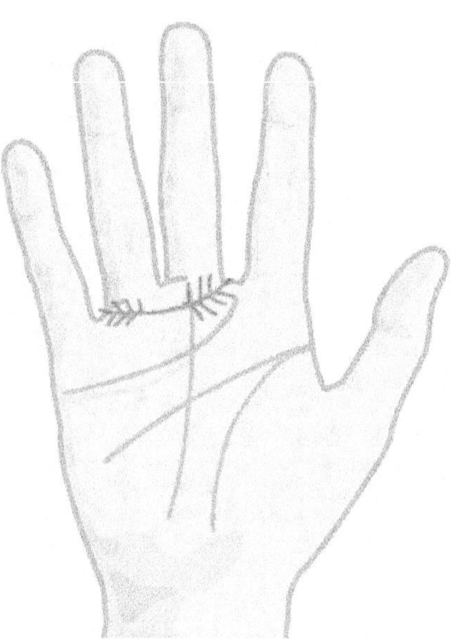

Der Ring des Merkur

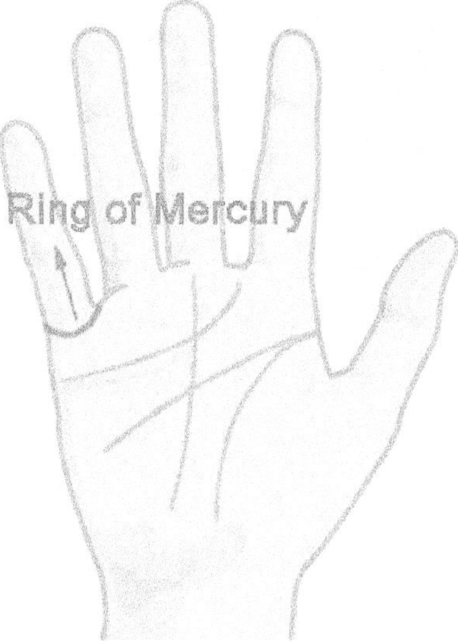

Es blockiert die Fähigkeiten, die dem Aspekt
Merkur innewohnen, die sich auf Geschäft, Beruf,
finanzielle Fähigkeiten und Glück beziehen. Wenn
dieser Ring auftaucht, impliziert dies, dass die
Person an das gebunden ist, was es ihr erschwert,
finanziellen Erfolg zu erzielen.

Es kann ein schlechtes Geschäft sein oder einfach
in einem Beruf feststecken, der das Potenzial der
Person einschränkt. Im Allgemeinen kann dieser
Ring als Warnung verstanden werden, dass die
Person in Betracht ziehen sollte, Veränderungen in
diesem Bereich ihres Lebens vorzunehmen, um
ihr Potenzial optimal auszuschöpfen.

Der Ring of Mercury ist eine weitere Marke, die in Zeiten spezifischer Probleme sporadisch auftreten kann.

Die kleineren Symbole, die auf vielen Palmen erscheinen, haben an sich keine bestimmte Bedeutung, sondern beziehen ihre Bedeutung aus der Position auf der Palme.

Die Spuren auf den Händen

THE STAR THE ISLAND THE TRIANGLE

THE CROSS THE SPOT THE GRILLE

THE SQUARE THE CIRCLE

Das Kreuz

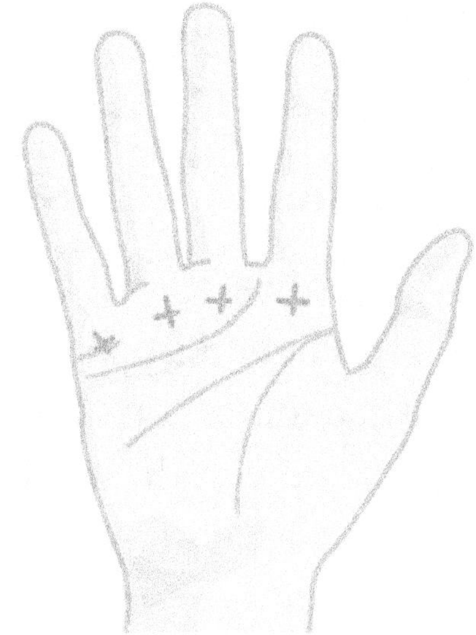

Auf Jupiter

In diesem Fall ist das Kreuz ein Zeichen für eine glückliche Ehe oder eine romantische Beziehung.

Auf dem Saturn

Dies zeigt ein tiefes Interesse an Spiritualität, möglicherweise sogar an einem Beruf innerhalb einer spirituellen Tradition.

In Apollo

Ist ein Rückschlag oder eine Veränderung in der Arbeit oder, obwohl es sich einfach um einen

Richtungswechsel und nicht um ein positives oder negatives Ereignis handeln kann.

Auf Merkur

Hat Unehrlichkeit mit Geschäften oder Geld zu tun? Dies hat möglicherweise nichts mit Unehrlichkeit seitens der Person zu tun, sondern nur, dass sie von dieser Art von Unehrlichkeit betroffen sein wird.

Auf dem Mars

Unter Merkur: Enttäuschung in der Liebe oder Ehe, ein Zeichen für emotionale Probleme, die durch Beziehungen verursacht werden.

Auf dem Mars

unter Jupiter: eine Warnung vor physischer Gefahr oder Gewalt, die durch Konflikte verursacht wird.

In Luna

Eine Warnung vor Problemen, die durch Vorstellungskraft oder Fantasie verursacht werden, möglicherweise im Zusammenhang mit Problemen, die durch Lügen verursacht werden.

Auf der Venus

Probleme oder Probleme zu Hause, die einen starken Einfluss auf den emotionalen Zustand der Person haben.

Auf den Linien

Zeigt im Allgemeinen ein Hindernis in dem Bereich an, der von der Linie abgedeckt wird.

Auf der Linie des Schicksals

Es ist ein großes Hindernis für den Erfolg im Leben.

Der Stern

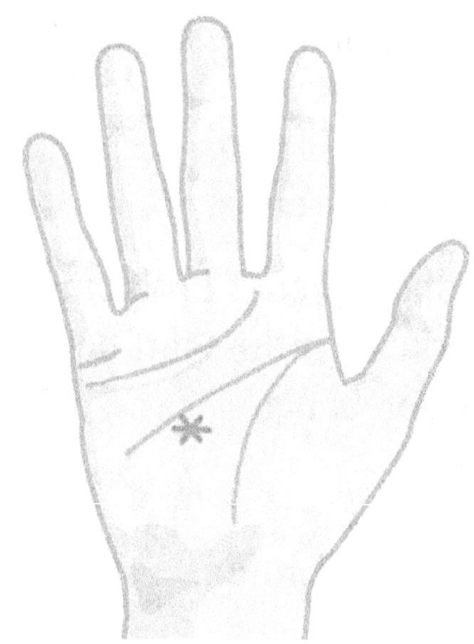

Auf Jupiter

Ich finde Freunde und mächtige Partner, deren
Einfluss Glück in das Leben der Person bringen
wird.

Auf dem Saturn

In der Nähe des Fingers zeigt Krankheit, Unfall
oder Tod einer Person, die im Leben der Person,
die das Zeichen hat, von Bedeutung ist. Unten
zeigt die Vererbung.

In Apollo

An diesem Ort zeigt der Stern Reichtum und
Glück, aber ohne Glück. Es wird oft gesagt, dass
es große Errungenschaften suggeriert, die mit
einem hohen Preis verbunden sind.

Über Mercury

Zeigt an-Reichtum, der durch harte Arbeit und
Anstrengung erlangt wurde.

Auf dem Mars, unter Merkur

Das bedeutet einen Triumph im Kampf für eine
Sache und in der Regel auch im Helfen anderer.

Auf dem Mars, unter Jupiter

Auch in Bezug auf den Sieg in physischen
Kämpfen. Diese Marke befindet sich oft in den
Händen von Politikern.

In Luna

Erfolg durch Werke der Fantasie, in der Regel in der Literatur oder Kunst, obwohl jeder kreative Bereich gezeigt werden kann.

Auf der Venus

Glück und Erfüllung zu Hause, Reichtum im Privatleben.

Auf den Linien

Es zeigt in der Regel buchstäblichen Erfolg in dem Bereich, der für die Linie relevant ist. Wenn die Linie mit einem Stern endet, ist dies ein Zeichen dafür, dass die Person zu Lebzeiten in irgendeiner Weise berühmt wird. In der Linie des Erfolgs ist eine Garantie für Reichtum und Ruhm.

Das Dreieck

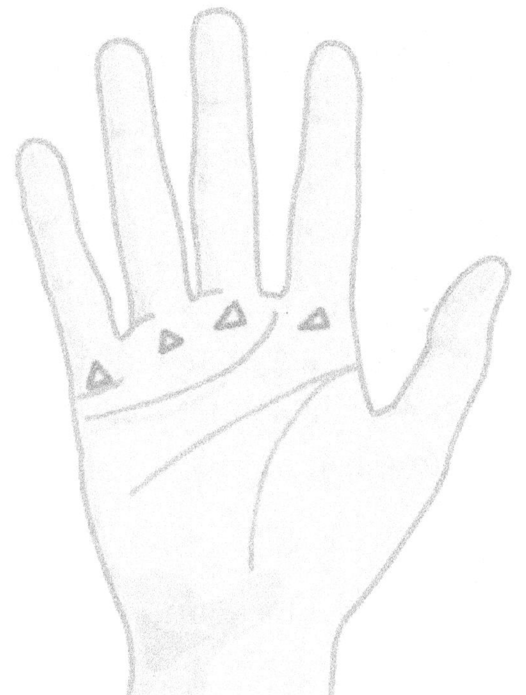

Auf Jupiter

Bedeuteten die Kraft und das Selbstvertrauen der
Person und dass sie über die Fähigkeiten verfügt,
die sie braucht, um die Erwartungen des anderen
auszuüben und zu erfüllen.

Auf dem Saturn

Ein zutiefst spiritueller Mensch, der fast für eine
formelle Rolle in einer religiösen Tradition
bestimmt ist.

In Apollo

Kreatives Talent kombiniert mit praktischen Fähigkeiten, eine Person, die in der Lage ist, alle Aspekte des Lebens mit Kreativität anzugehen.

Über Mercury

Ein starkes Interesse an Politik und starke Kommunikationsfähigkeiten, möglicherweise das Kennzeichen eines Residenten oder eines Journalisten.

Auf dem Mars, unter Merkur

Es suggeriert starke intellektuelle Fähigkeiten zusammen mit einer hochmoralischen Lebenseinstellung, der Fähigkeit, Denken und Handeln zu kombinieren, um Ergebnisse zu erzielen.

Auf dem Mars unter Jupiter

Mächtige Arche für jeden, der mit dem Militär zu tun hat. Er bringt Prioritätensetzungsfähigkeiten und großen Mut mit.

In Luna

Ausgeprägte Fähigkeiten, um Vorstellungskraft zu nutzen, um praktische Probleme zu lösen. Ingenieure, Detektive und Bildhauer können diese Marke ausstellen.

Auf der Venus

Ordnungsliebe und ein starkes Gefühl der Selbstbeherrschung und des Selbstvertrauens.

Auf den Linien

Die Marke bezieht sich auf die spezifische Linie, beweist aber Praktikabilität und schnelles Denken. Das Dreieck muss klar definiert sein, um berücksichtigt zu werden, Formationen, die durch Linienschnittpunkte gebildet werden, können ignoriert werden.

Der Platz

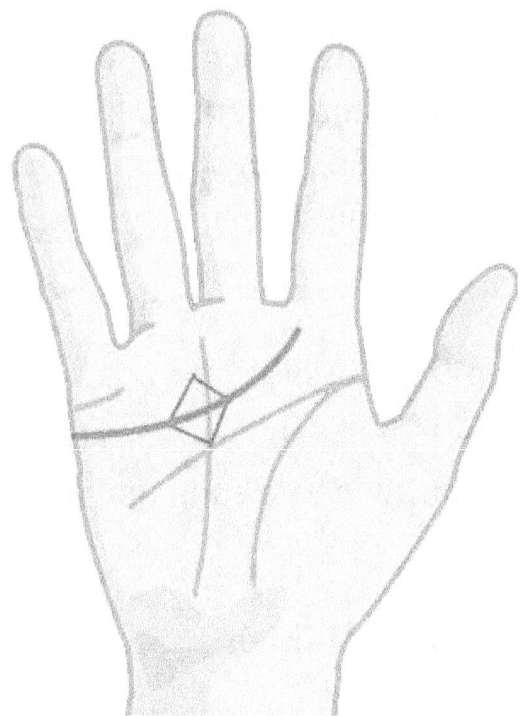

Wo immer es auftaucht, bringt das quadratische Zeichen Schutz.

Auf dem Jupiterberg

Es bietet Schutz vor übertriebenem Ehrgeiz, sei es auf Seiten der Person oder ihrer Umgebung.

Auf dem Saturn

Kämpfe gegen die dunkleren Aspekte, die Saturn verleihen kann, einschließlich Depression und Verlassenheit.

In Apollo

Aorta Balance und gesunder Menschenverstand zusammen mit einer Praktikabilität für die kreative Seite der Person, eine kraftvolle Kombination für den Erfolg.

Über Mercury

Es verleiht eine ruhige Natur, die leicht mit Krisen umgehen kann und vor finanziellen Problemen schützt.

Auf dem Mars, unter Merkur

Schutz vor Feinden im Allgemeinen und im Besonderen. Schutz vor Beziehungsschäden.

Auf dem Mars, unter Jupiter

Dieses Zeichen suggeriert Schutz vor körperlichem Schaden auch in potenziell gefährlichen Situationen.

Über Luna

Es gibt ein Gleichgewicht zwischen Realität und Vorstellungskraft. Eine großartige Kombination, für Kreative. Es schützt auch vor Unwahrheiten.

Auf der Venus

Stabilität und Sicherheit zu Hause zeigt diese Marke, sie suggeriert dauerhafte Beziehungen und solide Familienfundamente.

In den Zeilen

Brander-Schutz für den von der Linie abgedeckten Wohnbereich. Eine Genesung von der Krankheit wird vorgeschlagen, wenn sie in The Linie des Lebens erscheint. In Line of Destiny bringt Schutz in allen Lebensbereichen und verspricht einen reibungslosen Übergang durch auftretende Schwierigkeiten.

Der Speer

Auf Jupiter

Der Speer dieser Montierung hat die Form einer Pfeilspitze oder einer dreizackigen Gabel und zeigt die Errungenschaft großer Erfolge, die in jedem Lebensbereich auftreten können.

Auf dem Saturn

Es verleiht der melancholischen und mystischen Natur des Saturn eine scharfe Klarheit und deutet darauf hin, dass große Einsicht und Weisheit dem Menschen helfen werden.

In Apollo

Ich habe inspirierende Qualitäten, die mir helfen, in den Künsten oder Wissenschaften erfolgreich zu sein.

Über Mercury

Dynamische Geschäftsfähigkeiten, die durch Handel großen Wohlstand bringen.

Auf dem Mars, unter Merkur

Dies deutet auf großen Mut hin, Meinungen zu äußern oder andere zu verteidigen.

Auf dem Mars, unter Jupiter

Es zeigt stark große körperliche Stärke, Mut und Ausdauer.

In Luna

Es regt die Vorstellungskraft der Person an und schafft einen Visionär. In diesem Fall sollten praktische Fertigkeiten in einem anderen Teil der Handfläche betrachtet werden, damit diese Visionen nicht in Wahnvorstellungen umschlagen.

Auf der Venus

Die Fähigkeit, Freude in all ihren Formen zu erleben und die Fähigkeit, auch die kleinen Dinge des Lebens zu genießen.

Auf den Linien

Eine große Macht oder Kraft wird zum Leben erweckt, dies ist in der Regel positiver Natur. In der Linie des Schicksals ist eine energiegeladene Persönlichkeit, die sich jeder Herausforderung im Leben erfolgreich stellen kann.

Das Raster

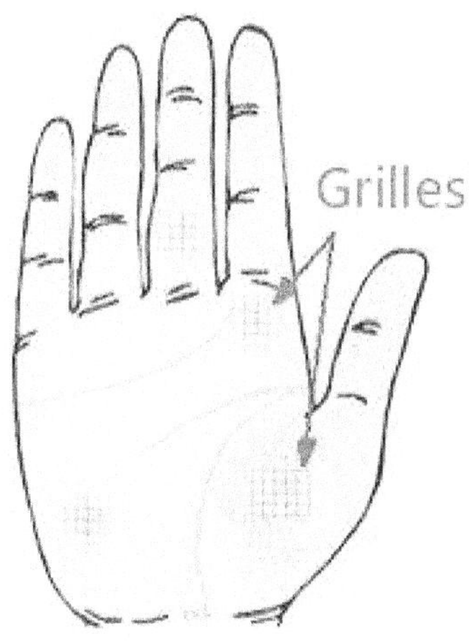

Das Raster besteht aus Blockaden, Fallen oder Gefangenschaft.

Auf Jupiter

Stolz deutet darauf hin, dass er Ärger oder sogar den Untergang der Person mit sich bringen wird.

Auf dem Saturn

Es deutet auf psychische Probleme hin, insbesondere auf Depressionen und die emotionale Inhaftierung, zu der dies führen kann.

In Apollo

Kreativität wird von dieser Marke erstickt oder kann auf oberflächliche Weise ausgedrückt werden, die der Person keinen großen Nutzen bringt.

Above Mercury

Dies warnt vor dem Wunsch, viele Projekte gleichzeitig in Angriff zu nehmen, was eher zum Scheitern als zum Erfolg führen dürfte.

Auf dem Mars, unter Merkur

Emotionale Beeinträchtigung oder Unfähigkeit, sich effektiv auszudrücken.

Auf dem Mars, unter Jupiter

Ein unkontrollierbares Temperament mit heftigen Ausbrüchen. Möglicherweise ein Zeichen für eine physische Einkerkerung.

Auf dem Mond

Es deutet auf eine Besessenheit vom Reisen hin, die die Fähigkeit der Person, in anderen Lebensbereichen erfolgreich zu sein, beeinträchtigt und zu einer rastlosen und unerfüllten Natur führen kann. Da Reiselinien ein Raster bilden, muss bei der Interpretation dieser Markierung Vorsicht geboten sein, wenn viele Fahrten unternommen werden sollen. Das Raster sollte in diesem Fall ein sehr klares und definiertes Bild sein.

Auf der Venus

Ich bin zu Hause und in der Familie unglücklich, habe schwierige Beziehungen und es fehlt mir an Verbindung oder Sicherheit zu Hause.

Auf den Linien

Urgier gefangen werden. Wo die Marke hinfällt, sollte in Bezug auf die Linie betrachtet werden, in der sie erscheint. Es ist jedoch wahrscheinlich, dass es in den Bergen zu finden ist und nicht mit Schnittpunkten kleiner Linien verwechselt werden sollte, die andere Faktoren aufweisen können.

Die Insel

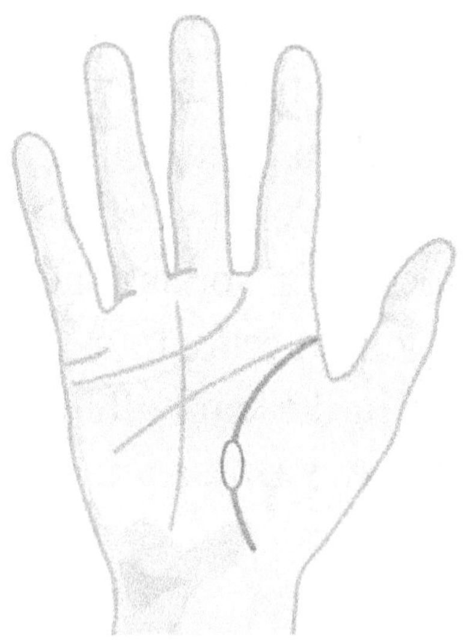

Auf Jupiter

Eine Warnung vor einem plötzlichen Unglück in Bezug auf die Ambitionen der Person, wahrscheinlich ein ernstes, dass das Ergebnis ihrer Bemühungen unterbrechen wird.

Auf dem Saturn

Enttäuschung oder Verlust, die plötzlich und in der Regel durch ein Urteil in irgendeiner Form verursacht werden, entweder im formalen Sinne oder durch die negativen Meinungen anderer.

In Apollo

Verzögerung oder Misserfolg bei Projekten kreativer Natur, die jedoch in der Regel durch mangelnde Motivation der Person verursacht werden.

Über Mercury

Verzögerungen oder Abweichungen in Bezug auf Geschäftspläne und finanzielle Angelegenheiten. Sie stehen in der Regel für Hindernisse, die sich verzögern oder kostspielig sind, anstatt genau einen Fehler zu zeigen.

Auf dem Mars, unter Merkur

Indikatorsituationen emotionaler Stagnation und schlechter Kommunikation zwischen Paaren.

Auf dem Mars, unter Jupiter

Verlust der körperlichen Kraft, kann auf Krankheit oder Verletzung hinweisen

Ernst.

In Mond

Verwirrtes Denken, psychische Stagnation, möglicherweise psychische Probleme. Manchmal einfach ein Mangel an geistiger Anregung.

Auf der Venus

Ich habe ein stabiles Familienleben, aber eines, dem es an Anregung und Veränderung mangelt. Inspirierende Zusammenhänge werden gezeigt.

Auf den Linien

Wie in den Bergen zeigt die Insel Verzögerungen, Enttäuschungen oder Hindernisse.

Die Linie des Lebens zeigt eine längere Periode der Stagnation, die möglicherweise mit einem schlechten Gesundheitszustand oder der offensichtlichen Unfähigkeit, die gewünschten Ziele im Leben zu erreichen, zusammenhängt. Die Insel hat eine ähnliche Bedeutung in der Schicksalslinie, aber in diesem Fall deutet sie darauf hin, dass dieser Einfluss während des gesamten Lebens der Person von längerer und dauerhafterer Natur sein wird.

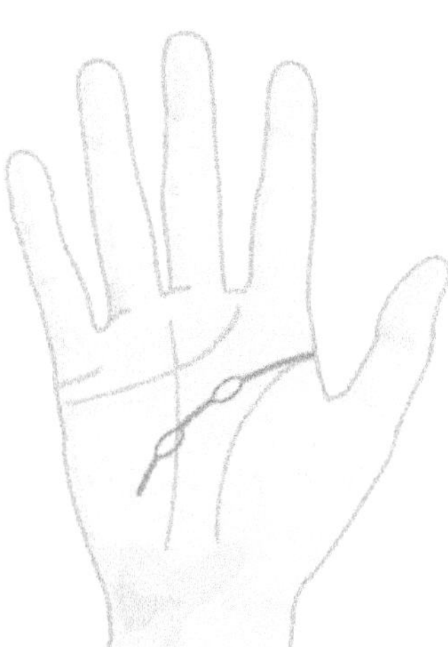

Der Kreis

Dieses Zeichen ist selten auf einer Handfläche zu sehen und nimmt nicht die Form eines perfekten Kreises an. Es wird nur auf dem Berg des Apollon als positives Zeichen angesehen, das alle Qualitäten dieses Berges hervorhebt.

An anderer Stelle soll es zeigen, dass man auf alles achten sollte, was auffällt.

Auf dem Mond Berg warnt er vor der Gefahr des Wassers; Dies wird in der Regel als Ertrinkungsgefahr wahrgenommen.

Dost

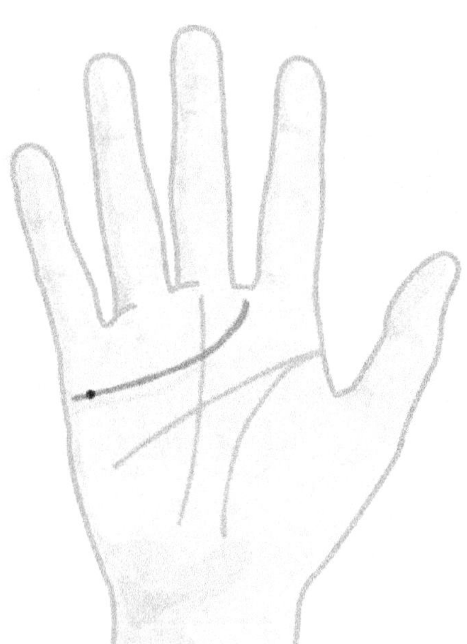

Der Punkt gilt als negatives Zeichen, das heilbare Wunden und Krankheiten symbolisiert. Die Punkte befinden sich in der Regel auf den Hauptlinien der Hand.

Auf der Linie des Lebens symbolisiert eine Krankheit, die im angegebenen Alter auftreten wird.

Über die Leberlinie deutet auf Leber- oder Darmerkrankungen hin.

Auf der Linie des Herzens: Zeigt an neigt zu diversen Liebesaffären.

Die Form der Nägel

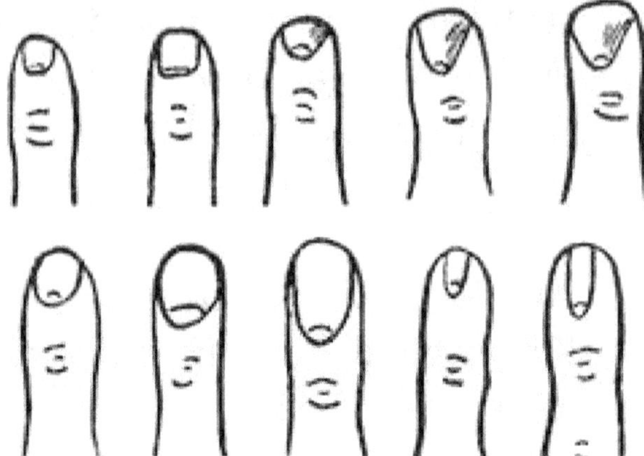

Unter den Formen, die es den Händen ermöglichen, ein mehr oder weniger effektives Urteil zu fällen, und bei mittlerer Entfernung sind die Nägel vielleicht eine der am besten definierten. Seine Botschaft ist klar und direkt und bezieht sich nicht nur auf den Charakter des Menschen, sondern auf alles, was ihn als Lebewesen betrifft, angefangen bei seiner körperlichen Konstitution, seiner Gesundheit und der Quelle seiner Energie.

Fingernägel zeigen wie Fingernägel viele Informationen über den Charakter einer Person. Darüber hinaus sind sie ein guter Indikator, um gesundheitliche Probleme zu erkennen.

Es gibt verschiedene Arten von Nägeln. Es ist ungewöhnlich, in einer Hand die gleiche Art von Nägeln zu finden, aber wenn alle einheitlich sind, werden die Eigenschaften, die mit der Art der Nägel verbunden sind, in der Persönlichkeit stärker betont.

Das Vorhandensein verschiedener Arten von Nägeln an derselben Hand deutet darauf hin, dass es sich um eine Kombination mehrerer Einflüsse handelt.

Denken Sie jedoch daran, dass die Botschaft komplementär ist.

Dies bedeutet, dass der Botschaft, die in den Eigenschaften der Nägel enthalten ist, besondere Aufmerksamkeit geschenkt werden muss, um sie später mit der der Finger und der Hand im Allgemeinen zu kombinieren. Die Summe all dessen wird es uns ermöglichen, ein wirklich getreues Porträt der Person zu erhalten, während wir, wenn wir uns nur an einen Teil der Hand halten, wie es bei der Untersuchung der Nägel der Fall wäre, nur eine Skizze erhalten, eine Notiz, die zu allgemein und ohne Nuancen ist.

Wenn die Nägel quadratisch sind, kann die betreffende Person Probleme mit der Selbstbeherrschung haben, insbesondere wenn die Nägel rosa sind. Gefühle von Wut oder Frustration können schwer zu haben sein.

Wenn eine Person blasse Nägel hat, zeigt dies, dass ihre Reaktionen leidenschaftslos sind. Manchmal sind quadratische Nägel kurz, diese gehören in der Regel Menschen, denen es an diplomatischem Geschick mangelt und die nicht in der Lage sind, die Dinge aus einem anderen Blickwinkel zu sehen, zusätzlich dazu, dass sie mit Hartnäckigkeit derselben Idee oder Überzeugung folgen.

Wenn Sie versuchen, eine Ihrer Ideen zu widerlegen oder eine andere, noch vernünftigere Sichtweise vorzuschlagen, wird es eine völlig vergebliche Anstrengung sein. Sie sind unflexibel, mit einer begrenzten Perspektive.

Manchmal sind sie irrational eifersüchtig, wenn es um sexuelle Probleme geht.

Taktgefühl und Diplomatie fehlen völlig, wenn Sie kurze Nägel haben, und auch die oberen Fingerglieder sind klein. Diese Art von Person neigt dazu, ungeduldig zu sein und instinktiv auf andere zu reagieren. Zudem ist er meist sehr kritisch und äußert nur Schlussfolgerungen. Wenn die Hände als Ganzes klein, fleischig und fett sind, hast du wahrscheinlich schlechte Laune.

Diese Funktion wird stärker hervorgehoben, wenn die Handfläche rot ist oder viele markierte rote Linien aufweist. Manchmal zeigt diese Art von Menschen eine defensive Haltung.

Auf der anderen Seite, wenn die Nägel kurz, aber die oberen Phalangen lang sind, werden diese Merkmale verändert und es wird ein Element des Denkens und der Vernunft geben, das in einigen Situationen Kontrolle und Berührung hinzufügt.

In Wirklichkeit ist die Amplitude der Nägel ein Energiekanal. Je breiter, desto mehr neigen sie dazu, Energie zu erzeugen.

Unter den wichtigsten Formen von Nägeln, die auf der ganzen Welt vorkommen können, stechen die folgenden Bedeutungen hervor, so dass Sie sie studieren müssen, bis Sie sie auf den ersten Blick finden können.

Hauptarten von Nägeln:

*Gebückt; *breit und sehr kurz; Stücke;
*Mandeln; *Rund; *Quadrat; *verlängert;
*Länglich und dunkel.

Zunächst einmal befindet sich in den Nägeln das,
was Ärzte eine lebenslange Krankenakte nennen
würden. Es ist bedauerlich, dass ihre Postulate sie
immer noch dazu zwingen, diese fabelhafte
Aufzeichnung der Entwicklung der Gesundheit
eines jeden Menschen, seiner Krankheiten und
seiner Art, das Leben zu sehen und ihm zu
begegnen, zu ignorieren, was sich in der Farbe,
Form und Größe der Nägel ausdrückt.

Gebogene Nägel

Sie zeigen großen Ehrgeiz, einen heftigen Drang
zum Besitz, aber ihre Besitzer sind nicht durch die
durch den Geiz auferlegten Beschränkungen in
der Erreichung ihrer Errungenschaften
eingeschränkt. Im Gegenteil, sie können mehr als
großartig sein, wenn es darum geht, Menschen zu
schmeicheln, die ihnen später die Realisierung
von Geschäften bedeuten können, die sie mehr

belohnen werden als alles, was ursprünglich ausgegeben wurde.

Wenn diese Nägel in eine zarte und harmonische Hand gegeben werden, wird ein Großteil der Stärke, die sie auszeichnet, durch ein launenhaftes und missbräuchliches Temperament ersetzt.

In diesem Sinne ist es notwendig zu verstehen, dass die Stärke oder Wildheit dieser Art von Nägeln mit der Robustheit der Hand zunimmt, vorausgesetzt, dass die Länge der Finger beibehalten wird, die zumindest von einem mittleren allgemeinen Verhältnis sein sollte.

Breite und kurze Nägel

Dies ist eine der auffälligsten Arten von Nägeln. Die Menschen bemerken sie normalerweise fast sofort an dem Finger, an dem sie am sichtbarsten sind, am Daumen. Zweifellos liegt es daran, dass es eine der negativsten Konnotationen ist.

In der Tat sind sie die Nägel, die mit dem kleinen Geist verbunden sind, der von der Gier nach Besitz oder Dominanz gequält wird. Oft handelt es sich um impulsive, widersprüchliche Subjekte, die dazu neigen, anderen die Schuld für ihre Unzulänglichkeiten zu geben und den Wert ihrer Erfolge zu übertreiben.

Es ist notwendig, den Rest der Hand zu sehen, denn wenn sie harmonisch und kräftig sind, wird die Bedeutung dieses Nagels, der unangenehm breit und kurz, wie eine winzige Kinoleinwand ist, auf Manifestationen von Sarkasmus reduziert.

Das heißt, es wird einen Charakter zeigen, der der Ironie, den verletzenden Wortspielen zugeneigt ist und zur Anhäufung von Geld neigt, und zwar auf eine Weise, die nicht immer klar oder logisch ist, da sie in der Lage sind, Entbehrungen zu erleiden, um das Unmut des Ausgebens zu vermeiden.

Abgebissene Nägel

Im Gegensatz zu den analysierten Nageltypen ist die Tatsache, dass die Nägel gebissen werden, kein natürliches Merkmal von ihnen, sondern der Effekt, der durch das Temperament der Person verursacht wird. Seine Bedeutung ist jedoch relevant.

Der abgebissene Nagel impliziert Instabilitäten emotionaler Natur. Es verrät Menschen, deren Persönlichkeit eine gewisse Unordnung birgt, deren Stärke bereits sehr schwer oder unmöglich zu beherrschen ist. Es spiegelt tiefsitzende Ressentiments und Unsicherheiten wider, bis hin zu dem Punkt, an dem es gefährlich ist, Menschen mit diesen Händen großes Vertrauen zu schenken, weil sie, da sie nicht in der Lage sind, den Impulsen ihrer überfließenden emotionalen Natur wirksam zu widerstehen, kaum in der Lage sein werden, anderen ein akzeptables Maß an Zuverlässigkeit zu bieten.

Nach diesem Kriterium sollten die abgebissenen Nägel, wenn sie in Spachtelfingern gefunden werden, als Zeichen einer widersprüchlichen, reizbaren Persönlichkeit interpretiert werden, die sehr darauf bedacht ist, ihre Stimme zu erheben und ihre Gesprächspartner rücksichtslos zu unterbrechen.

Diese Aspekte werden akzentuiert, wenn zusätzlich das Aussehen des Nagels ungleichmäßig und schmutzig ist, was auf eine

Persönlichkeit hindeuten könnte, die sinkt, um mit den Menschen, die ihre übliche Umgebung ausmachen, eine gefährliche Belastungsgrenze zu erreichen und das Extrem zu erreichen, ständig das Haus wechseln zu müssen.

Im Gegenteil, wenn die abgebissenen Nägel in abgeflachten Fingern mit breiten Fingerspitzen gefunden wurden, sind sie ein Zeichen für ein übermäßiges Temperament und neigen zu erotischen Freuden, so dass es zur Promiskuität neigt.

Darüber hinaus sind sie in der Regel Naturen, die Hektik und Lachen mögen und dazu neigen, sich in Situationen des Schocks oder des negativen Engagements mit denjenigen wiederzufinden, mit denen sie in Beziehung stehen.

Es sind Menschen, die respektiert werden möchten, ohne ein Verhalten beibehalten zu müssen, dass ihren Wünschen entspricht, so dass sie eine Haltung maximaler Liberalität einnehmen werden, nicht aus authentischer Überzeugung, sondern aus dem Bedürfnis, eine respektable Erklärung für die Eigenschaften dieser Persönlichkeit zu haben, die ihnen entgeht und der sie ohne weiteren Kampf nachgeben.

Tief im Inneren sind es Menschen mit einem geschwächten Selbstwertgefühl. Sie leiden darunter, dass sie nicht in der Lage sind, ihre eigene Kontrolle zu übernehmen, und ärgern sich über diejenigen, die ihnen vorwerfen, dass sie keinen starken Charakter haben.

Sie versuchen, andere für sich zu gewinnen, indem sie immer bereit sind, sich benutzen zu lassen, was sich besonders bei Frauen bemerkbar macht. Schließlich verraten sie ausnahmslos entweder oder werden verraten.

Mandelnägel

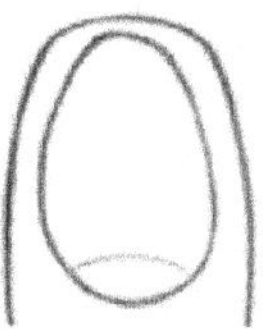

Die mandelförmigen, ovalen Nägel mit dem weniger breiten Teil nach vorne, zeugen von einer intuitiven, raffinierten, eleganten und geselligen Persönlichkeit. Es scheint, dass sie sich nur Dinge vorstellen, die bereits von anderen vollendet wurden.

Sie sind bereit, sich an ein System zu halten, und zeigen sogar große Anpassungsfähigkeit und Sinn für Disziplin. Aber von ihnen sollte keine substanzielle Veränderung erwartet werden, manchmal nicht einmal von ihrem eigenen Lebensstil, es sei denn, ihre Geduld ist zuerst erschöpft und sie sind gezwungen, ihre Zweideutigkeit gegenüber der Idee einer substanziellen Veränderung zu überwinden.

Runde Nägel

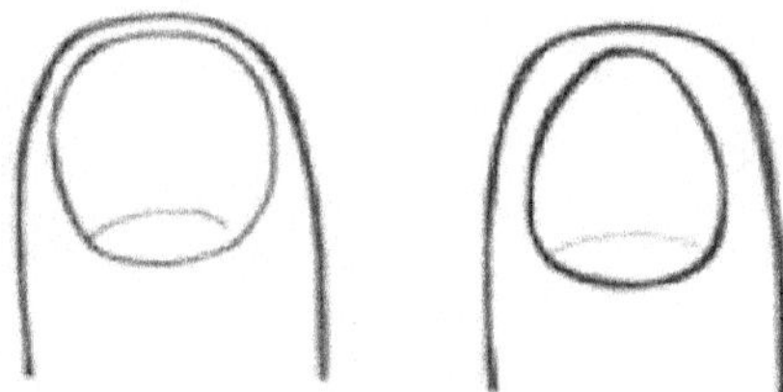

Diese Nägel sind ein Symptom eines vehementen, enthusiastischen Temperaments. Sie spiegeln Menschen wider, die nicht in der Lage sind, ihre Neigungen zu kontrollieren, die sie im Laufe ihres Lebens mehr als einmal zerren und verletzen.

Quadratische Nägel

Dies sind die Nägel von Menschen, die Ordnung lieben und Autoritäten respektieren. Sie sind Nägel derer, die mehr Freude an der Beobachtung von Traditionen haben, obwohl sie auch Merkmale des Volkes sind, das sich am meisten für alles interessiert, was mit Zeremonie und Protokoll zu tun hat.

Sie haben einen ausgeprägten Gerechtigkeitssinn, obwohl sie es manchmal zulassen, dass ihre anmaßende Natur es ihnen schwer macht, den Demütigsten oder in irgendeiner Weise Schwächeren Vernunft zuzugestehen.

Diese Menschen sind der Meinung, dass nur diejenigen, die es verstanden haben, sich in den Schatten eines guten Baumes zu flüchten, gut leben können. Es ist oft der Fall, dass ihr methodischer Geist sie daran hindert, ihren Ehrgeiz zu dem Wunsch zu treiben, sie selbst zu sein, der Baum, der einen weiteren guten Schatten spendet. Aus diesem Grund sind sie in der Regel hervorragende Mitarbeiter, großartige Vizepräsidenten oder Vizeminister oder Manager.

Der typische Mensch mit eckigen Zähnen mag es, dass sein Leben inmitten von Ordnung und allem, was gesellschaftlich als gut gilt, verläuft. Sein Temperament ist am Ende immer konservativ, obwohl er sich in seiner Jugend von Extremismen hatte täuschen lassen.

Längliche Nägel

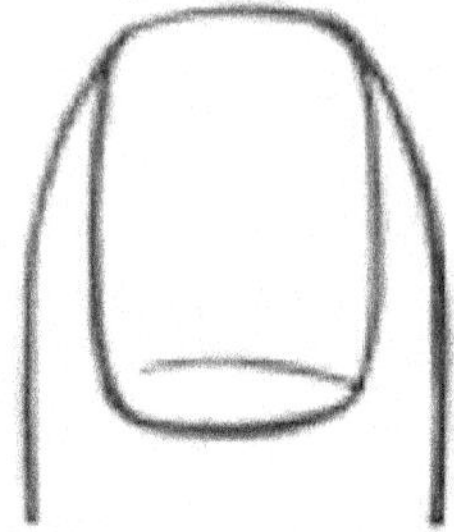

Nägel von länglicher Form, die nicht mit langen und leicht schmalen Nägeln verwechselt werden sollten, in einem sensiblen Geist und einem geselligen Gemüt.

Es handelt sich um Menschen von angenehmer Behandlung, die sich dem Verständnis und der Entschuldigung für die Schwächen anderer hingeben, Menschen, die eine beachtliche Fähigkeit zur Vergebung unter Beweis stellen.

Wir haben es mit Mentalitäten zu tun, die es vorziehen, ihren Einfallsreichtum zu nutzen, um die Realität zu retuschieren und sie so an den Kontext ihrer Illusionen anzupassen. Und sie zeigen ein romantisches Temperament, einen etwas schwachen Willen, so dass sie die Undankbarkeit oder den Missbrauch der Menschen, die mit ihnen in Beziehung stehen, anzuziehen.

Was seine Sinnlichkeit betrifft, so sollte beachtet werden, dass er nicht selten ist, tatsächlich reicht ein Funke aus, um ihn in Brand zu setzen. Die Person mit länglichen Nägeln wird zurückgezogen, je mehr ihre Nägel mit dem Fleisch verbunden sind oder von ihm gefangen werden. In ähnlicher Weise sollte dieselbe Eigenschaft als Schwierigkeit interpretiert werden, schnell und entschlossen Entscheidungen zu treffen, so dass sie in der Regel in hohem Maße von den Ratschlägen und der Ermutigung abhängen, die andere ihnen geben möchten.

Längliche und dunkle Nägel

Diese Art von Nägeln wird normalerweise mit Unehrlichkeit, Heuchelei, Skrupellosigkeit und Grausamkeit in Verbindung gebracht. Es ist jedoch zu beachten, dass der Rest der Hand diese negativen Eigenschaften stark abschwächen kann, obwohl sie immer einen unerwünschten Einfluss auf die Persönlichkeit ausüben werden.

Die Farbe der Nägel

Die Gesundheit der Person spiegelt sich in der Regel sehr stabil in den Nägeln wider. Wir beziehen uns hier nicht auf den Ton, den Gesundheit oder Krankheit auferlegen können.

Eine schlechte Veranlagung des Organismus, ein Dauerzustand oder eine chronische Schwäche spiegeln sich in der Konsistenz und dem Tonus der Nägel wider. Daher ist bekannt, dass rosa Nägel im Allgemeinen Indikatoren für die Gesundheit sind. Wenn diese Färbung verblasst, sollte man verstehen, dass sich auch die Gesundheit, betrachtet als Zustand oder allgemeine Disposition des Organismus, verschlechtert hat.

Folglich kündigen Nägel, die nicht in der Lage sind, einen gesunden Tonus zu zeigen, zumindest den Mangel an guter Ernährung und ausreichender Bewegung an.

Auf die gleiche Weise und wenn wir einen anderen Aspekt des Nagels sehen, wenn seine Konsistenz zu dünn wäre, würden wir Menschen finden, deren Charakter auch nicht vollständig definiert ist. Es muss nicht unbedingt eine endgültige Bedingung sein, aber solange es so bleibt, muss es als Charakterschwäche interpretiert werden. Wenn dieser Zustand dauerhaft wird, so dass er bei Erwachsenen zu sehen ist, muss man verstehen, dass es sich um eine dauerhafte Schwäche handelt.

Unter diesen Umständen greift diese Klasse von Menschen oft ständig zu Sturheit, um ihren Mangel an Kraft auszugleichen. Kurz gesagt, sie simulieren Charakterstärke mit der Unhöflichkeit des Eigensinns. Es ist auch üblich, dass sie auf Introvertiertheit zurückgreifen, auf der Suche nach einer Entschädigung für das Vertrauen, das sie nicht in sich selbst finden.

Kurz gesagt, dünne Nägel sind in der Regel ein Zeichen für einen schwachen Charakter oder zumindest für mangelndes Selbstvertrauen.

Übermäßig dicke Nägel zeigen eine Tendenz, immer die gleichen Ideen beizubehalten, einen Mangel an Flexibilität im Umgang mit Bekannten und Fremden, einen Mangel an Fähigkeit, andere zu verstehen, eine Neigung, das eigene Unglück jederzeit zu erzählen, und ein Temperament, das zu Diskussionen und Missachtung neigt.

Arbeit und Geld

Viele Menschen arbeiten an etwas, das ihnen nicht passt oder dass sie nicht mögen. Die Hand, die Finger und die Handflächenlinien können die Art von Arbeit lehren, die am besten zu Ihnen passt.

Wir werden wahrscheinlich etwas Erstaunliches tun, wenn wir unsere natürlichen Fähigkeiten einsetzen. Wir zittern oft vor Veränderungen, aber sie sind nicht immer so katastrophal, wie wir vermuten.

Geld ist für die meisten Menschen ein besorgniserregendes Thema. Die Art und Weise, wie wir es erreichen, und die Einstellungen, die wir ihm gegenüber zeigen, wie Großzügigkeit und Gier, können sich in unserer Handfläche widerspiegeln.

Motivation

Motivation manifestiert sich in der Regel in der Schicksalslinie. Die Linie des Schicksals zeigt unsere Absichten und unseren Orientierungssinn. Es ist wahrscheinlich gut definiert, wenn es sich um eine Person handelt, die motiviert ist.

Die meisten Menschen haben etwas Ähnliches wie die Linie des Schicksals, aber wenn es nicht existiert, bedeutet das nicht, dass es an Motivation mangelt.

Menschen, die diese Linie nicht haben, mögen im Leben erfolgreich sein, aber sie werden es für sich selbst tun, und sie werden die Resignation ablehnen. Ihre Fähigkeiten werden ihnen helfen, die profitabelste Wahl zu treffen. Diese Art von

Menschen kann auf eine bestimmte Art und Weise motiviert werden.

Wenn ein Mensch eine Schicksalslinie hat, die sich von der Basis der Handfläche erhebt und durch die Mitte verläuft, bis sie unter dem Finger des Saturn verschwindet, ohne Risse und ihr Lauf an keiner Stelle geschwächt oder zittert, wird er äußerst motiviert sein. Wenn die Person auch starke Finger hat, bestätigt dies das oben Gesagte. Wenn Sie Zweige haben, die aus der Linie des Schicksals kommen, werden diese Ihnen helfen, Ihre Ziele zu erreichen, da sie nützliche Einflüsse sind, die eine deutliche Steigerung Ihrer motivierenden Einstellung zeigen.

Der Berg Saturn ist auch mit Motivation verbunden. Wenn es weiterentwickelt und ausgeprägter ist als der Rest der Berge, bedeutet dies, dass die Motivation unmittelbar bevorsteht, aber dass es mit einem Gefühl der Verpflichtung und Anspannung verbunden sein kann, es so schnell wie möglich erreichen zu wollen.

Wenn die Linie des Schicksals etwas höher als das Handgelenk beginnt, zeigt dies, dass die Person kein klares Gefühl der Entschlossenheit hat und dass sich die Linie im Laufe der Zeit zu begrenzen beginnt.

Es ist wichtig, beide Hände zu untersuchen. Manchmal hat die linke Hand keine definierte Schicksalslinie, während die rechte eine klare und offensichtliche Linie hat. Dies zeigt, dass dieser Mensch in seiner ersten Lebensphase keine Motivationen oder persönlichen Triumphe hatte oder auch noch nicht hat, die er erreichen möchte, sondern dass er sich in Zukunft spezifischere Ziele setzen wird.

Wenn die linke und die rechte Hand in ihren Linien nicht übereinstimmen, wird der Unterschied immer in der Zeit gefunden. Einer zeigt die frühen oder aktuellen Stadien, der andere die der Zukunft.

Ein Mensch, der die Linie des Schicksals in der rechten Hand hat, hat mehr Möglichkeiten bei der Berufswahl und damit eine bessere Zukunft. Was auch immer ihre natürlichen Fähigkeiten sein mögen, ein Gefühl von Mut und Motivation wird zufällig entstehen, auch wenn es zu einem späteren Zeitpunkt auftreten kann. Normalerweise, wenn die Menschen fast dreißig Jahre alt sind, beginnen sie, ihre Ziele zu setzen, etwas, das in der Astrologie mit der Rückkehr des Saturn zusammenhängt.

Wenn die Linie des Schicksals auf beiden Handflächen klar ist, zeigt dies, dass Sie unterschiedliche Motivationen haben. Diese können jedoch an das Ziel gebunden sein, was bedeutet, dass es weniger Möglichkeiten gibt, den Weg zu wählen.

Die Linie des Lebens kann auch Informationen über die Beweggründe einer Person widerspiegeln. Wenn Sie eine Kurve in der Mitte Ihrer Handfläche haben, zeigt dies das Bedürfnis, das Leben in jeder Hinsicht zu erkunden, und einen Motivationsschub.

Wenn eine Person eine starke Schicksalslinie und eine Sonnenlinie hat, die genau über einem der Zweige der Schicksalslinie aufgeht, kann dies als Wohlergehen und positive Einflüsse und Wohlstand in finanziellen Angelegenheiten interpretiert werden.

Wenn die Linie des Ehrgeizes genau an der Herzlinie endet, deutet dies darauf hin, dass sich diese Person durch emotionale Probleme blockiert fühlen könnte.

Wenn eine Person eine starke Sonnenlinie hat, die aus einem der Zweige der Lebenslinie geboren wird und sich am unteren Ende des Sonnenfingers befindet, bedeutet die Schicksalslinie kurz, dass diese Person mit Glück geboren wurde und dass ihr ganzes Leben lang Erfolg und Wohlstand ihre Verbündeten sein werden. Das bedeutet aber nicht gerade Glück. Wenn all dies mit wenig Aufwand erreicht wird, wird die Motivation irgendwann nachlassen und die Person wird das Gefühl des Triumphs verlieren.

Wenn eine Person eine Schicksalslinie hat, deren Gabelung auf den Finger des Jupiters zeigt, spiegelt dies das Bedürfnis wider, absolute Kontrolle zu haben, insbesondere bei persönlichen Problemen und vielleicht auch bei denen anderer.

des Schicksals, dessen Gabelung auf den Finger des Jupiters zeigt, spiegelt dies das Bedürfnis wider, absolute Kontrolle zu haben, insbesondere in persönlichen Problemen und vielleicht auch in denen anderer.

Analysiere und beobachte immer die Tonalität und den Anschlag der Hand. Wenn es sich weich anfühlt, zeigt es, dass die Person normalerweise nicht von ihren Impulsen geleitet wird, selbst wenn sie eine starke und gut ausgeprägte Schicksalslinie hat.

Professionelles Wohlbefinden

Die Form der Hände und Finger sowie die Linie des Schicksals können Aufschluss darüber geben, welche Art von Arbeit für eine bestimmte Person am besten geeignet ist. Das berufliche Wohlbefinden steht für alle an erster Stelle, auch wenn es wirtschaftlich nicht ausgewogen ist.

Eine Mutter, die verpflichtet ist, eine Familie zu ernähren und sich um ihre Bedürfnisse zu kümmern, muss eine Schicksalslinie haben, die so präzise ist wie eine Unternehmerin, da sie sich mit ihrem Leben motiviert und entschädigt fühlt. Ihre Arbeit ist ein Job. Daher manifestiert sich seine Einstellung zu dem, was er tut, in seiner Handfläche, als wäre es ein gewöhnlicher Job.

Eine Person mit eckigen Händen ist organisiert und wird große Freude an einer Aufgabe haben, die vorhersehbare Organisation und Routine erfordert. Diese Eigenschaft wird betont, wenn die Kopflinie keine Variationen enthält und gerade in der Handfläche gehalten wird, was ein logisches Urteilsvermögen offenbart.

 Menschen mit eckigen Händen neigen dazu, Dinge auf sehr praktische Weise zu nehmen. Aus diesem Grund sind sie die richtigen Bewerber für Jobs, die intelligente Menschen als schläfrig und nervig bezeichnen würden.

Menschen mit spachtelförmigen Händen brauchen Veränderungen und Möglichkeiten, ihre Einzigartigkeit anzuwenden. Wenn sie in einer klaustrophobischen Umgebung eingesperrt sind, in der sie mechanische oder monotone Arbeiten ausführen, werden sie Anspannung und Stress verspüren. Diese Art von Menschen braucht Trennung und Unabhängigkeit, um das Beste von ihnen bieten zu können.

Menschen, deren Hände einfach sind, sind nicht in Berufen tätig, bei denen sie nicht wissen, wie sie ihre Intelligenz beweisen und einsetzen können. Das bedeutet nicht, dass sie dumm sind, sondern dass sie sich leichter an weniger komplizierte Aktivitäten gewöhnen.

Menschen mit kegelförmigen Händen fühlen sich tendenziell zufriedener mit kreativer oder künstlerischer Arbeit. Darüber hinaus sind sie in der Regel sehr sensibel für das Arbeitsumfeld.

Menschen, deren Hände leicht spitz sind, haben keine Freude an körperlich anstrengender Arbeit. Ihre Konstitution ist schwach, und sie leiden, wenn sie zufällig gezwungen sind, unter sehr anspruchsvollen Bedingungen zu arbeiten.

Menschen mit scharfen, philosophischen Händen mit langen, knorrigen Fingern müssen ihre Beobachtungsgabe bei der Arbeit einsetzen. Sie sind sehr künstlerisch und wie bei Menschen mit konischen Händen sehr sensibel für die professionelle Atmosphäre und ihre Kollegen. Sie brauchen auch eine ausgeglichene und friedliche Umgebung. Um mental zu verwirklichen und zu streben, braucht man Ruhe und Gelassenheit.

Unterschiedliche Hände, d.h. bei denen verschiedene Formen von Händen und Fingern kombiniert werden, spiegeln die Fähigkeit wider, sich zu widmen. Diese Kategorie von Menschen ist sehr tolerant, aber manchmal ist es für sie sehr schwierig, sich für einen zufriedenstellenden Job zu entscheiden. Sie können Talente in verschiedenen Bereichen haben, was bedeutet, dass sie Kenntnisse in verschiedenen Fächern haben. Diese Menschen müssen die vorherrschenden Talente in sich hervorheben.

Die Linie des Schicksals ist am profitabelsten, wenn sie gut auf die Handfläche gestempelt ist. Eine ausgedehnte, offene und tiefe Linie zusammen mit einem markanten Saturnberg spiegelt wider, dass die Person im beruflichen Bereich wenig Möglichkeiten hat.

Eine dünne, aber gut markierte Schicksalslinie sagt voraus, dass das Arbeitsleben dieser Person ein Erfolg sein wird, aber es besteht auch die Möglichkeit, dass sie sich zu ihrer Arbeit erhoben fühlt und keine Begeisterung verspürt. Diese Eigenschaft kann hervorgehoben werden, wenn die Sonnenlinie schwach oder nicht vorhanden ist.

Manchmal spiegelt eine breite und verschwommene Schicksalslinie Überarbeitung und Müdigkeit wider. Die emotionalen Elemente helfen oder behindern alle Aspekte unseres Lebens. Wenn sich eine Person mit ihrer Liebesbeziehung nicht glücklich fühlt, wirkt sich dies auf ihr Berufsleben aus. Emotionale Probleme sind immer frustriert und verschlechtern sich, und all dies spiegelt sich immer in der

Schicksalslinie wider, im Wesentlichen, wenn sie in der Linie des Herzens endet.

Potenzial, eine Führungskraft zu sein

Handeigenschaften können Führungspotenziale aufzeigen. Der erste Schritt besteht darin, das Gesamtbild der Hand zu analysieren. Wenn das Erscheinungsbild stark ist, hat die Person Fähigkeiten, denn um ein Anführer zu sein, müssen Sie körperlich hartnäckig sein und viel Energie haben.

Die Form der Hand zeigt das Talent, andere zu führen. Eine quadratische Hand lehrt organisatorische Fähigkeiten, Spatel förmige Menschen werden aktiv und effizient sein, eine Kombination aus dem einen und dem anderen zeigt die Fähigkeit, eine Führungskraft zu sein.

Im Allgemeinen ist die Hand einer Führungskraft in der Regel klein, da sie die Fähigkeit widerspiegelt, sich den Dingen auf großen Ebenen zu stellen.

Die Finger und ihre Größe sind ebenfalls wichtig, ebenso wie die Halterungen der Hände. Ein

Anführer wird wahrscheinlich einen starken und langen Tag mit Jupiter haben. Ein markanter Jupiterberg erhöht die Reize und zeigt, wenn er sehr herausragend ist, eine Tendenz zum Stolz sein.

Die Linie des Schicksals muss auch analysiert werden, um die Fähigkeit zu sehen, ein Anführer zu sein. Wenn die Linie auf den Finger des Saturn ausgerichtet ist und an diesem Berg endet, zeigt dies mit einer Nebenlinie zum Jupiterberg, dass die Arbeit und die Hauptziele dieser Person durch ihre Fähigkeit begrenzt werden, ihre eigenen Interessen und ihre Autorität auf andere auszurichten.

 Wenn die Schicksalslinie einen Zweig zu Jupiter hat, analysiert sie den Finger des Merkur, und wenn sie lang ist, hat die Person Überzeugungskraft, das Talent, Ideen kohärent zu präsentieren, und Kommunikationsfähigkeiten.

Wenn die Herzlinie auf dem Gipfel des Berges Saturn endet, ist die Person den Menschen um sie herum gegenüber empathisch. Ihr Bedürfnis zu herrschen, wird nicht durch Mitgefühl versüßt, und das kann dem Führer Schwierigkeiten bereiten.

Wenn jemand für etwas oder jemanden verantwortlich sein möchte, muss seine Schicksalslinie gebogen und vom Kurs abgekommen sein und auf den Jupiterberg zusteuern.

Der Finger des Merkur und die Herzlinie definieren den Grad der Fähigkeit, sich auszudrücken, und die emotionale Intelligenz, die einen Charakter wie den erwähnten weicher machen könnte.

In quadratischer Hand zeigt die Schicksalslinie mit einem Ast, der auf den Berg Jupiter zeigt, Erfolg in Berufen, in denen man ehrgeizig sein muss. Wenn die Sonnenlinie vorhanden ist, wird die Person einen Beruf voller finanzieller Erfolge haben. Auch diese Linie zeigt eine fröhliche Lebenseinstellung. Das Bedürfnis nach Führung kann auch aus dem Wunsch entstehen, anderen zu helfen.

Symbole des Erfolgs in den Händen

Erfolge und Misserfolge gibt es im Leben von uns allen. Ein Leistungsträger zu sein, hängt vom

Lebensstil, den Erwartungen und den moralischen Werten jedes Einzelnen ab. Der Erfolg spiegelt sich in der Sonnenlinie und einer klar definierten Schicksalslinie wider. Diese Kombination steht im Zusammenhang mit unseren Zwecken.

Eine Hand, die kurzfristigen Erfolg widerspiegelt, hat die Wurzel der Linie des Schicksals auf dem Mond Berg, und der Anfang dieser Linie wird ungenau und offensichtlich sein.

Der Berg des Mondes bezieht sich auf die Öffentlichkeit, die Umwelt, Menschen mit dieser Art von Händen erkennen, dass ihr Schicksal von ihren Launen beeinflusst wird. Dies wird am deutlichsten, wenn die Linie des Schicksals nach dem Start abbricht und sich vom Mond Berg trennt.

Wenn die Schicksalslinien und die Sonne an der Wurzel sehr schlangenförmig sind, symbolisiert dies, dass der Mensch seine Ziele erst nach 3 3 Jahren erreichen wird. Wenn die Linien des Schicksals und der Sonne auf die Hauptlinie gerichtet sind, zeigt dies positive Anstrengungen und Gedanken. Ein Zweig, der aus der Hauptlinie kommt und auf den Finger des Merkur zusteuert, zeigt an, dass der Gedanke sehr inspiriert sein kann, insbesondere in Bezug auf Möglichkeiten, durch Kommunikation Geld zu verdienen. Dieser Zweig ist mit der Wirtschaft verbunden und befindet sich normalerweise in den Händen von Menschen, die immer über monetäre Fragen nachdenken. Merkur ist auch mit Reisen verbunden, so dass diese Palme widerspiegelt, dass positive Ereignisse aufgrund günstiger Wechselwirkungen vergangen sind, wahrscheinlich durch neue Kommunikationsmethoden.

Charismatische Menschen sind fast immer erfolgreich und haben in der Regel einen sehr definierten und markanten Sonnenberg und -finger.

Wenn Sie eine dünne, spitze, sensible Hand analysieren, die eine markante Sonnenlinie hat, bedeutet dies, dass diese Person ein helles Gemüt hat, aber in einer Fantasiewelt lebt. Diese Art von Händen bezieht sich normalerweise auf Träumer, die idealistisch sind. Sie kümmern sich normalerweise nicht um den Erfolg und neigen dazu, sich in den Bereichen ihrer Vorstellungskraft zufrieden zu fühlen. Eine Palme wie diese hat einen versunkenen Bereich in der

Mitte, der unverkennbar ist. Selbst eine sehr starke Sonnenlinie kann keine positive Einstellung erzeugen. Eine flauschige Handfläche kann positive Einflüsse abwehren.

Wenn die Kopflinie leicht zur Handfläche geneigt ist, deutet dies auf Vorstellungskraft hin. Wenn jemand bereits die Vorteile eines Lebens voller Erfolg erlebt hat, wird diese Linie Ihnen helfen, da sie Sie dazu bringt, andere herausfordernde Bereiche und andere Ziele zu finden, die Sie dank kreativem Denken erreichen müssen.

Manche Menschen haben mehr Angst vor dem Erfolg, weil ihnen das Selbstvertrauen fehlt. Dieser Typ Mensch hat eine definierte Sonnenlinie und eine markante Kopflinie. Wenn jedoch ein Teil beider Zeilen verborgen ist und dies widerspiegelt, verbirgt diese Person ihre natürlichen Talente und bevorzugt ein ruhiges Leben.

Die Zeit in den Händen

Es ist möglich zu wissen, wann bestimmte Ereignisse eintreten werden, wenn wir die des

Mannes richtig untersuchen. Bevor Sie anfangen, die Zeit in den Händen zu studieren, machen Sie sich mit der Bedeutung der Hauptlinien der Handfläche vertraut.

Achten Sie auf die Veranlagungen, die die Hände widerspiegeln, bevor Sie ein Ereignis vorhersagen, das mit der Zeit zu tun hat.

Wo die Linien beginnen, ist ein Lebensabschnitt, die Geburt fällt mit dem Beginn der Linie zusammen. Die Linie des Lebens wird von oben bis zum Handgelenk abgelesen. Die Sonnen- und Schicksalslinien werden in Richtung der Finger gelesen. Der Kopf wird vom Daumen abgelesen, und die Herzlinie wird am unteren Ende des Merkurfingers geboren.

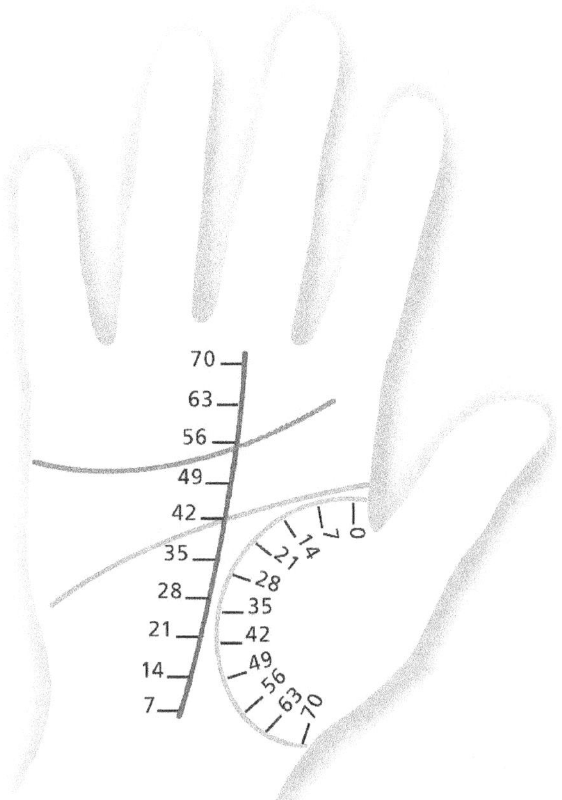

Jede Linie ist durch Intervalle von sieben Jahren gekennzeichnet, da wir Veränderungen mit dieser Periodizität auf emotionaler, körperlicher und mentaler Ebene erleben. Lange Leitungen können auch in Sieben-Jahres-Intervalle unterteilt werden, so dass ihre Länge angepasst werden kann. Kurze Linien sind komplexer, vielleicht findest du eine Linie des Schicksals, die in der Mitte deiner Handfläche beginnt.

Um die Zeit zu bewerten, müssen Sie eine Linie ziehen, vom Anfang der Schicksalslinie bis zu der Linie, die in dieser Hand erscheint, und sie dann in Intervalle von sieben Jahren unterteilen, und dies sagt Ihnen etwas über das Alter aus, in dem die Linie in Aktion tritt.

Den genauen Zeitpunkt von Ereignissen herauszufinden, erfordert viel Übung. Fragen Sie die Person zunächst und lassen Sie sie Ihnen von einem wichtigen Ereignis erzählen, das sie erlebt hat. Sie müssen eine Markierung auf der Palm Line finden, die dies widerspiegelt.

Versuchen Sie, dies mit Ihrer Hand zu tun, aber denken Sie daran, dass es schwierig ist, mit sich selbst klar zu sein. Beginnen Sie immer damit, das Alter der Person zu lesen, da Sie so zwischen vergangenen, gegenwärtigen und zukünftigen Ereignissen unterscheiden können.

Denken Sie daran, dass die linke und rechte Hand nicht gleich ist. Die linke Seite zeigt grundlegende Veranlagungen und vergangene Ereignisse, und die rechte zeigt an, wie sich diese Veranlagungen verändern und entwickeln werden, zusätzlich zu zukünftigen Ereignissen.

Einigen Händen fehlt eine Linie oder sogar zwei.
Die Schicksalslinie ist besonders nützlich in
Bezug auf Lebensereignisse. Jede Verwandlung
im Leben spiegelt sich in dieser Zeile deutlicher
wider, da sie unsere Absichten und unser
Schicksal auf eine prägnantere Weise lehrt als die
anderen.

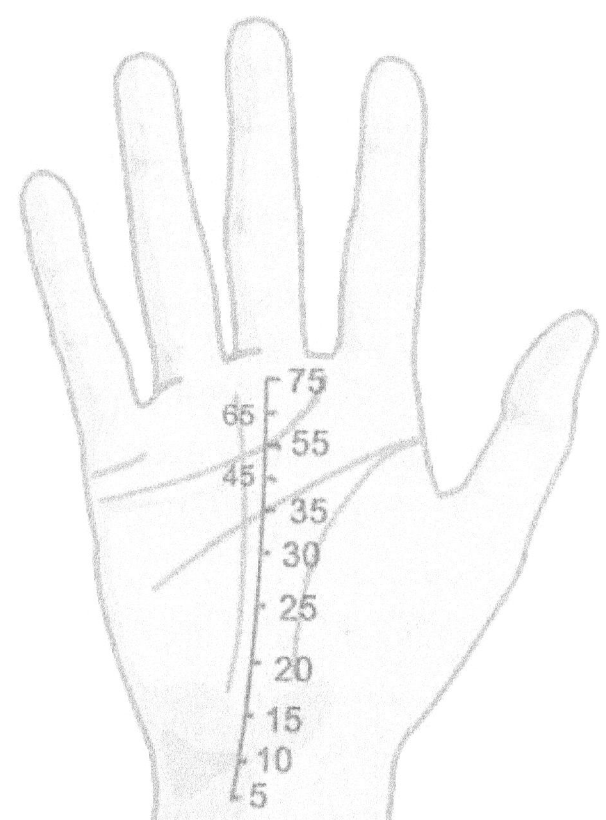

Sie sollten dieser Zeile besondere
Aufmerksamkeit schenken, wenn Sie wichtige
Ereignisse lesen möchten, und wie sie auch mit

beruflichen und arbeitsrechtlichen Angelegenheiten zusammenhängt, zeigt sie Veränderungen und Erfolge in diesem Aspekt des Lebens an.

 Es gibt andere Linien, die mit der Schicksalslinie interagieren, die Personen oder Ereignisse zeigen, die für unsere Zwecke notwendig sind.

Nicht jeder hat die Schicksalslinie, und es gibt Leute, bei denen sie unlesbar erscheint. Konzentrieren Sie sich in diesen Fällen auf andere Linien, insbesondere auf die Linie des Lebens.

Manche Hände scheinen keine Heart Line oder Head Line zu haben, vielleicht sollten Sie zwei Linien finden, es gibt nur eine. Dies ist die Simi-a-Linie, und ihr müsst sie so interpretieren, als wäre sie die Herzlinie.

Ein kurzes Rettungsanker kann Angst erregen und alarmierend sein, aber es ist unmöglich, den Tod eines Menschen allein mit dieser Linie vorherzusagen.

Die Linie des Lebens spiegelt Vitalität, Liebe und Zuneigung wider, zusätzlich zur Neigung zu bestimmten Krankheiten. Eine kurze Linie bedeutet jedoch keineswegs eine vergängliche

Lebensperiode. Manchmal teilt sich die Lebenslinie zur Mitte der Hand hin, diese Trennung neigt dazu, mit einer anderen Linie verwechselt zu werden, was bedeuten kann, dass sich die Person buchstäblich trennt und zum Beispiel in ein anderes Land geht.

Manche Menschen scheinen zwei Lebenslinien zu haben. Die zweite, die am Daumen befestigt ist, sorgt für Zähigkeit und Widerstandsfähigkeit. Dies ist die Marslinie, eine Glückslinie, die die Last von Konflikten und Krankheiten abnimmt und es Ihnen ermöglicht, ein Leben frei von Härten zu führen.

Wenn Sie eine Doppellinie finden, betrachten Sie die zweite als Lebenslinie. Hände mit vielen Linien können ein Puzzle sein. Es kann schwierig sein, diese Zeilen zu finden, und der Versuch zu lesen, wann bestimmte Ereignisse eintreten werden, noch mehr.

Eine komplizierte Hand gehört zu einer gewöhnlichen Persönlichkeit. Sie sollten mit Händen beginnen, die weniger Linien haben und definiert sind. Frauen haben vollständigere Hände mit mehr Linien als Männer. Oder verwenden Sie einen feinen Stift, um die siebenjährigen Versäumnisse der Linien zu markieren.

Schritte zum Handlesen

Die Schritte zum Ablesen der Hände sind sehr wichtig, da sie davon abhängen, dass Sie korrekte Ergebnisse erhalten.

1. Analysieren und sehen Sie sorgfältig die Form und Größe, die Konsistenz, den Ton und die Temperatur Ihrer Hände, damit Sie die Art der Hand bestimmen können, die Sie lesen werden.

2. Vergleichen Sie beide Hände, ihre Formen, ihre Linien, und so können Sie festlegen, welche von ihnen die dominante Hand ist. In den meisten Fällen wird es die Linke sein, aber es gibt Ausnahmen, insbesondere bei Linkshändern.

3. Sehen Sie sich dann die Bildung der Finger und die Eigenschaften der Nägel an und berühren Sie sanft die Berge, drücken Sie sie sanft, um ihre Festigkeit zu überprüfen und sicherzustellen, dass ihre Proportionen, Struktur, Textur und

Beschaffenheit unabhängig von ihrem Aussehen sind.

4. Das Studium der Linien beginnt mit der Linie der Vida. Prüfen Sie, ob es neben den herausragenden noch andere wichtige Marken gibt.

5. Beginnen Sie mit der Vergleichs- und Überprüfungsarbeit und suchen Sie nach anderen Marken, die sich auf die Indikationen in der ersten Zeile beziehen können.

Über den Autor

Zusätzlich zu ihren astrologischen Kenntnissen verfügt Alina A. Rubí über eine reichhaltige berufliche Ausbildung; Sie hat Zertifizierungen in Psychologie, Hypnose, Reiki, Bioenergetischer Kristallheilung, Engelheilung, Traumdeutung und ist spirituelle Lehrerin. Rubí verfügt über Kenntnisse der Gemmologie, die sie verwendet, um Steine oder Mineralien zu programmieren und sie in mächtige Amulette oder Talismane des Schutzes zu verwandeln.

Rubí hat einen praktischen und zielgerichteten Charakter, der es ihr ermöglicht hat, eine besondere und integrierende Vision mehrerer Welten zu haben, die Lösungen für spezifische Probleme erleichtert. Alina schreibt die Monatshoroskope für die Website der American Asociation of Astrologers, die Sie auf der Website www.astrologers.com lesen können. Im Moment schreibt er eine wöchentliche Kolumne in der Zeitung El Nuevo Herald über spirituelle Themen, die jeden Sonntag in digitaler Form und montags in gedruckter Form erscheint. Er hat auch ein Programm und das Wochenhoroskop auf dem

YouTube-Kanal dieser Zeitung. Sein Astrologisches Jahrbuch erscheint jedes Jahr in der Zeitung "Diario las Americas" unter der Rubí Astrologa.

Rubí hat mehrere Artikel über Astrologie für die Monatszeitschrift "Today's Astrologer" geschrieben und Kurse in Astrologie, Tarot, Handlesen, Kristallheilung und Esoterik gegeben. Er hat wöchentliche Videos zu esoterischen Themen auf seinem YouTube-Kanal: Ruby Astrologie. Sie hatte ihr eigenes Astrologie Programm, das täglich über Flamingo TV ausgestrahlt wurde, wurde von mehreren Fernseh- und Radioprogrammen interviewt, und jedes Jahr wird ihr "Astrologisches Jahrbuch" mit dem Horoskop Zeichen für Zeichen und anderen interessanten mystischen Themen veröffentlicht.

Sie ist Autorin der Bücher "Reis und Bohnen für die Seele" Teil I, II und III, einer Zusammenstellung esoterischer Artikel, die auf Englisch, Spanisch, Französisch, Italienisch und Portugiesisch veröffentlicht wurden. "Geld für alle Taschen", "Liebe für alle Herzen", "Gesundheit für alle Körper", Astrologisches Jahrbuch 2021, Horoskop 2022, 2023, Rituale und

Zaubersprüche für den Erfolg 2022, Zaubersprüche und Geheimnisse, Astrologie-Kurse, Tarot-Kurse, Esoterik-Kurse, Liebe und Kompatibilität von Tierkreiszeichen, Rituale und Amulette 2023 und Chinesisches Horoskop 2023 alle in fünf Sprachen verfügbar: Englisch, Italienisch, Französisch, Japanisch und Deutsch.

Rubí spricht perfekt Englisch und Spanisch und vereint all ihre Talente und ihr Wissen in ihren Lektüren. Derzeit lebt er in Miami, Florida.

Weitere Informationen finden Sie auf der Website www.esoterismomagia.com